青トレ2.0

厚トレ

ATSU TORE

青学駅伝チームが実践する
厚底シューズ対応トレーニング

THE TRAINING METHOD OF AOGAKU EKIDEN TEAM

原晋 著／中野ジェームズ修一 著

徳間書店

青トレ2.0

厚トレ

青学駅伝チームが実践する
厚底シューズ対応トレーニング

PROLOGUE TALK

青山学院大学陸上競技部長距離ブロック 監督
原 晋
×
フィジカルトレーナー
中野ジェームズ修一

厚底シューズには厚底シューズ専用の対策がある

――カーボンプレート入りの厚底シューズ（以下、厚底シューズ）の登場で、長距離界にはどんな影響があったのでしょうか。

原　陸上界、長距離界に革命といえることが起こったと思います。シューズ革命ですね。選手たちの記録向上につながっていると思いますし、練習内容の見直しも必要になりました。シューズをギアと捉え、使いこなすためのノウハウがあるか否かが大きな差を生むだろうということで、青学駅伝チームでは対策を行ってきました。

中野　道具の変化や進化というのは、スポーツにおいて時折起こるものです。ラケット、ボール、ウェアなどのレギュレーションが変わると、選手はもちろん、監督やコーチ、トレーナーは対策を迫られるのですが、それが長距離走にも起こったということですね。

道具の進化は競技の進化につながり、ファンが増えるきっかけにもなるので、私はポジティブに捉えています。実際、厚底シューズが登場してから、ランナーの間でシューズの話題が増えましたよね。

原　厚底シューズの登場によって、指導者として、学び続けることの重要性を再認識させられましたね。練習の組み立て方も、変えなければいけない状況になりましたから。

――厚底シューズが登場したのは、2017年の夏でした。どんな印象を受けましたか。

原　登場直後は疑心暗鬼というか、シューズでそこまで変わらないのではないかと思っていたんです。正直、シューズが発売された最初のシーズンは、大きなインパクトを受けませんでした。

　しかし、厚底シューズ自体の進化があったと思うんですが、２０１９年に空気が大きく変わった感覚がありました。フォームそのものが変わる選手が出てきたんです。大学駅伝で青学に追いついてきたほかの大学の選手の走りを見たときに、「あれ？　こんな選手いたっけな？」と思ったのをよく覚えています。知らない選手に見えるくらい、フォームが変わっていたんですね。そのときに、これは革命が起こったな、厚底シューズに対応していかなければいけない時代がきたんだなと感じました。

中野　青学でも厚底シューズを選ぶ選手が増えてくると同時に、選手たちが違和感や痛みを訴える部位が変わってきました。弊社（株式会社スポーツモチベーション）が青学を担当するようになって以来、選手個々のカルテを取り続けているのですが、それを見直すと、やはり以前と比べて仙腸関節や股関節、その周辺の骨や筋肉の故障の発生率が増えていました。

　２０２０年の時点で、すでに準備運動は厚底シューズ仕様に変えていたのですが、厚底シューズを使いこなすためのトレーニングを導入しないと、故障を減らすことが難しいだろうと考え、原監督に提案することにしました。

――中野さんから厚底シューズ対策として下肢の筋力トレーニングプログラムの提案があったとき、原監督はどう思われましたか。

原　中野さんとはつねにデータの共有をしていますし、選手たちが厚底シューズを履くようになってから、股関節周りの故障が増えてきている実感もありましたから、何かを変えなければならないだろうとは、私も思っていたんです。「青トレ」（動的ストレッチやコアトレーニングなど、青学駅伝チームが行っている準備運動や補強トレーニング、ケアの総称）を導入して以来、トレーニングについては中野さんに一任していますから、提案を受けたときも、「まずはやってみましょう」とお答えしました。

　挑戦は青学駅伝部のチームスピリットです。トライ＆エラーのなかで進化していくのが、青学のスタイルでもありますから、現状維持という選択肢はありませんでした。

中野　厚底シューズ対応のトレーニングプログラムというのは、もちろん私自身初めての取り組みですし、前例もありません。教科書がないなかで模索していくことは、トレーナーとして楽しい作業ではありますが、当然、不安もありました。

原　下肢の筋力トレーニングを導入してから、選手の体つきが変わりましたし、最後の絞り出しができるようになったのもパワー系のトレーニングの効果なのだろうと思います。２０２２年の箱根駅伝では10時間43分42秒という大会記録で優勝できましたが、これは練習の組み立てとトレーニングの効果がしっかりとマッチした成果だといえるでしょう。簡単には破ることができない記録だと思いますよ（笑）。

――本書で『青トレ』シリーズは第４弾となりました。厚底シューズ対策についても、秘密にするのではなく公開しようと思われたのはどうしてでしょうか。

原　陸上界に革命を起こそう、陸上界を発展させようという思いがありますから、われわれのメソッドを隠すつもりはありませんし、「青トレ」がスタンダードになってくれればいいなと思っています。

もちろん、日々トライ＆エラーの連続ですし、〝厚底シューズ対応トレーニング（厚トレ）〟も完璧ではありませんが、現時点でのベストの情報を公開することで、陸上界がより良くなってくれたらそれでいいんですね。

そして同時に、青学が先陣を切ってチャレンジしている姿勢を見せたいという気持ちもあります。異端と思われても、ゼロをイチにする、無を有形化することには高い価値がありますから。

中野　現状、厚底シューズ対応のトレーニングというものがないなかで、一つの方向性を示すことはとても大きなことなのかなと思います。これが１００％正しいかどうかはわかりませんし、もっと進化させていく必要性もあるだろうと感じています。そこは原監督がおっしゃるとおり、これからもトライ＆エラーを繰り返していくことになると思います。

１９７５年にアメリカで『ストレッチング』（ボブ・アンダーソン）という本が出版され、それをきっかけにストレッチについての考察が進んだんです。本書もそんなふうになったらいいなと思っています。「中野はこう書いていたけど、こっちのほうがいいんじゃないか」などと考え、指導者が試行錯誤すれば、選手たちがより恩恵を受けられるようになりますから。

原　この『厚トレ』本をきっかけに議論が生まれて、トレーニングがブラッシュアップされていけば、陸上界の財産になるはずですよ。

――厚底シューズをレースなどで使用している、中学生・高校生ランナーに向けて注意点やアドバイスはありますでしょうか。

中野　まずは、過去の『青トレ』で紹介している基本的なウォーミングアップのための動的ストレッチ、練習後に行う静的ストレッチ、アイシングをしっかりやってほしいと思います。そこが徹底できていないのに「厚トレ」をやろうとするのは、足し算、掛け算ができていないのに、因数分解をやるようなものです。それから、心肺機能が大きく成長する中学生年代については、筋トレよりも走り込みを優先してもらえたらと思います。

原　厚底シューズは補助器具の要素が強いんですね。ケニアやエチオピアのランナーのような、腰高で足がお尻のほうまで返ってくるような効率の良いフォームづくりを助けてくれる面があり、スピードを出すためのサポートもしてくれるでしょう。

しかし、ランナーにとっての基礎体力というか、自分の力で地面を蹴って体を前へ前へと動かしていく力を養うには、不向きなシューズだと思います。厚底シューズを使用する場面というのは、指導者と相談して決めてもらいたいですね。

本書で紹介しているのは、厚底シューズ対策に特化したものですが、中学生や高校生にはもっとベースの部分のトレーニングに注力してほしいなと思います。いろいろな体操や懸垂、手押し車のような全身運動を通して、たくさんの筋肉や神経を刺激し、基礎体力を底上げしてほしいのです。

厚底シューズの活用、その対策としての「厚トレ」は、ベースができてからでも遅くはないと思います。

――将来について。今後の目標、夢を教えてください。

中野　『青トレ』本をきっかけに、動的ストレッチやコアトレが広まり、フィジカルトレーナーの仕事が広く知られるようになりました。

ただし、フィジカルトレーナーを置く大学が以前より増えている一方で、ニーズに対して人数が足りていない状況があります。今後はトレーナーを育成していくことが、自分に課せられた仕事かなと勝手に思っています。

原　誰も褒めてはくれませんが（笑）ほかの大学にも、多くの市民ランナーの方々にも、「青トレ」が広がっているんですよ。昔は準備運動に静的ストレッチをしているランナーをたくさん見かけましたけど、いまでは動的ストレッチをするのが当たり前の光景になっていますから。

中野　記録会やマラソン大会、合宿地などでの練習風景を見ていても、動的ストレッチはスタンダードになった感じがしますよね。

原　２０２３年4月から中学校の運動部活動の地域移行がスタートしましたが、しっかりと組織運営ができる指導者の数が足りていません。青山学院大学とアスリートキャリアセンターが共同開発したクラブコーチ育成カリキュラムを全国に広めて、保護者や学校教員が安心して学生を任せられる指導者の育成を進めていきたいなと思っています。

CONTENTS

CHAPTER_4

厚トレ 下肢トレーニング編

CHAPTER_5

厚トレ コアトレーニング編

CHAPTER_6

厚トレ ストレッチ編

本書の特徴と活用方法

「青トレ」とは

「青トレ」とは、青山学院大学体育会陸上競技部（長距離ブロック）を指揮する原晋監督の育成メソッド「原メソッド」と、フィジカルトレーナーの中野ジェームズ修一氏が考案し、指導しているフィジカルトレーニングとが融合して生まれた、ランナーのためのオリジナルメソッドの総称です。

過去の『青トレ』シリーズとの連動で効果倍増

本書は、厚底シューズ対応のトレーニングをテーマにしていますが、体づくりをテーマにした第１弾の『青トレ 青学駅伝チームのコアトレーニング＆ストレッチ』、リカバリーをテーマにした第２弾の『青トレ 青学駅伝チームのスーパーストレッチ＆バランスボールトレーニング』、調整方法をテーマにした第３弾の『青トレ 青学駅伝チームのピーキング＆ランニングケア』と合わせて４部作となっています。これまでの『青トレ』シリーズを基礎とするならば、今回の『厚トレ』は応用編となる『青トレ2.0』となります。器具を使った負荷の高いメニューもありますので、必ずトレーナーなど専門家のアドバイスを受けながら、無理せずに安全に行ってください。必要と感じる方は、『青トレ』で基礎をしっかり身につけてから、『厚トレ』に取り組んでください。

ページを開いたまま床や机に置ける

本書はPURノリ（Poly Urethane Reactive Hot-melt Adhesive＝反応性ポリウレタン系ホットメルト接着剤）を使った特殊な製本により、本のページがストレスなく開くつくりになっています。PURノリは、一般的な製本ノリよりもノド元まで開き、しかも丈夫で長持ち。トレーニングやストレッチを行う際には、本のノド元をグッと押していただければ、ページが開いたままの状態で床や机の上に置けます。

写真や説明文だけでなく動画でもチェックできる

本書には、写真と説明文に連動するかたちで、各エクササイズのページの端にQRコードが付いていますので、スマートフォンやタブレットで読み取って、動きを確認してみてください。読み取り環境は下記のとおりです。

＊QRコードでの動画視聴サービスに関する注意点

- 動画閲覧にかかわる通信費につきましては、お客様のご負担となります。
- スマートフォンデータ定額プランの加入など、お客様の通信費に関する契約内容をご確認のうえ、利用されることを推奨します。
- スマートフォンやタブレットの機種やOSによっては、閲覧できない場合がありますのでご了承ください。
- このサービスは、予告なく終了する場合がございます。

青トレ2.0 ATSU TORE 厚トレ

CHAPTER

厚底シューズとはそもそも何か？

厚底シューズを履くと何が変わるのか？

故障を起こしやすい部位が変わった！

厚底シューズと薄底シューズの違いとは？

厚底シューズを履きこなすために必要なこと

CHAPTER_1

厚トレ 基礎知識編

1

“厚トレ”は、ランナーがカーボンプレートを搭載した厚底のランニングシューズ、いわゆる厚底シューズを使いこなすためのトレーニングです。まずは、厚底シューズとは何かを中野ジェームズ修一トレーナーが解説します。

厚底シューズとはそもそも何か？

〝厚底シューズ〟と呼ばれるランニングシューズが世の中に登場したのは、2017年のことです。

それまで、トップレベルのマラソンランナーがレースで着用するのは、ソールが薄く、軽量であることが一般的でした。

地面と接触するアウトソールと呼ばれる部分と、足を包むアッパーとの間にあるミッドソールに厚みが必要なのは、十二分なクッション性を必要とする初級・中級のランナーと、トレーニング用のシューズのみという考え方が主流だったのです。

2017年の発売以降、厚底シューズを着用したランナーがレースで好記録をマーク。世界記録や日本記録も更新されたことを受け、そのトレンドは大学駅伝にも波及しました。**現在では、駅伝を走るほぼすべてのランナーが、厚底シューズを選択するほどになっています。**

厚底といっても、ただ、ミッドソールが分厚いというわけではありません。**厚底シューズと呼ばれているランニングシューズには、いくつかのポイントがある**ので、おさらいしておきましょう。

まず、ミッドソールの素材は従来のものと比較して、軽量で反発性に優れたものが使われています。そのためミッドソールを分厚くしても、昔のランニングシューズほどは重くならず、ランナーの負担にならないのです。

そして、これが大きなポイントですが、カーボンファイバーを混ぜたプレートやバー（以下、わかりやすくカーボンプレートと総称します）が、ミッドソール内部に挟み込まれています。カーボンには軽くて強いという素材特性があります。

このカーボンプレートと反発性に優れたミッドソール素材を組み合わせ、着地時に変形したミッドソール素材が元に戻ろうとする力と、プレートのしなりを、前へと進む力に変えているのです。

簡単にいえば、ランナーは着地時に得られる地面からの反発エネルギーを、従来よりもロスすることなく、推進力に変えられるということです。

また、薄底シューズはソールが地面に対してフラットに近いのに対して、厚底シューズはつま先部分がカーブしています。

この**ロッキングチェアの脚のような構造によって、スムーズな重心移動をサポートしています。**結果、多くのトップランナーが厚底シューズとともに好記録を達成しました。

しかし、メーカー間の開発競争が加熱したことを受け、2020年にワールドアスレティックス（世界陸連）が、ランニングシューズにまつわるルールを策定する事態に発展しました。

ロード用のランニングシューズ（トラック用のシューズは別基準）には、ソールの厚さが40ミリメートル以下、プレートの搭載は1枚までといった規制が設けられ、以降、トップアスリート用のレーシングシューズは、そのルールに基づいて開発されています。

競泳で特定の水着を着用した選手のタイムが軒並み向上したことを受けて、2010年に国際水泳連盟が水着に関する新ルールを策定したことがありましたが、それと同様のことがランニングシューズにも起こったということです。

このことからも、厚底シューズ登場のインパクトの大きさが、よくわかるかと思います。

厚底シューズと薄底シューズの違いとは？

あらためて、厚底シューズと薄底シューズを比べてみましょう。

もちろん、メーカーによって違いがあり、すべてのシューズが該当するわけではありませんが、大まかな特徴を捉えるイメージで読んでもらえたらと思います。

薄底シューズは文字どおり、ミッドソールが薄いため、当然、地面と足との距離は近くなります。

そのぶん、接地感を感じやすく、ランニング時に地面をとらえている感覚や、地面からの反発を得ている感覚は得やすいでしょう。また、着地時のブレが少なく、安定性が高いともいえます。

一方、ミッドソールが薄いぶん、シューズ自体がもつクッション性や反発性の機能は、厚底シューズと比べるとかなり低いといえます。

良くも悪くも、着地の衝撃は自身の関節などの機能をうまく使って緩衝する必要があります。脚への負担は、薄底シューズのほうが大きなものになるでしょう。また、厚底シューズと比べると、使用されるパーツが少ないぶん、シューズ自体の重量は軽くなります。

前述したように、現在、厚底シューズのソールの厚さは40ミリメートル以下ですが、多くのトップレーシングモデルは、ギリギリの厚さで設計されています。そのため、厚底シューズを着用した場合、もっとも厚みのある後足部は地面から40ミリメートル近く離れます。

薄底シューズと比べると、接地感は得にくく、着地時の不安定さはいくらか増すことになりますが、シューズ自体がもつクッション性、反発性といった機能は高くなります。

カーボンプレートの搭載によって、反発性、安定性が高められており、薄底シューズと比較すると、多くのランナーが継続的にスピードを出しやすいと感じるでしょう。

いま現在、ほとんどのトップアスリートが、レース用に厚底シューズを選択している状況です。

厚底シューズを履くと何が変わるのか？

地面から得られる反発力を、いかに効率よく推進力へと変えることができるか。接地時間を短くし、空中にいる時間を長くする（その間に長い距離を移動する）といった、速く走るために必要なことは、厚底シューズでも薄底シューズでも変わりません。

ただし、厚底シューズによるアシストを最大限に生かそうとしたときに、ランナーに求められるものに違いが出てきます。

薄底シューズで走る場合、着地時にいかに自分の脚で地面から受ける反発力を生み出し、推進力につなげるかがとても重要になります。

カギとなるのは、前足部で着地後、後ろに流れた脚の膝を畳む力。着地後に流れた脚を素早くきれいに畳み込むことができると、次の一歩にスピーディかつスムーズに移行できるからです。

そして、その膝を畳み込むのに重要な役割をはたすのが、太ももの裏側に位置するハムストリングス（大腿二頭筋、半腱様筋、半膜様筋）と呼ばれる筋肉群です。そのため、青学駅伝チームは、下肢のトレーニングについては、ハムストリングスなどの裏面の筋肉を重要視して行ってきました。

ランニングでスピードを出すために、ハムストリングスの筋力が不可欠なのは変わらないのですが、厚底シューズを着用した場合、カーボンの反発力によって、勝手に脚が畳み込まれます。ハムストリングスがやっていた作業の一部を、シューズが肩代わりしてくれるようなイメージです。

また、厚底シューズは、構造的に前足部で着地をするフォアフット走法が促されるともいわれています。

前足部で着地すると、加重した際にアキレス腱を伸ばそうとする力が加わります。その力に対抗するようにアキレス腱が縮もうとする力が、アキレス腱の〝バネ〟とも呼ばれるものです。このバネの強さは、アキレス腱の強靱さ（太さ・硬さ）と比例関係にあるとされています。

実際に、東アフリカ地域のランナーのアキレス腱の横断面積は、日本人ランナーと比べて約26％広いという研究結果もあります。

アキレス腱が弱い（＝硬さがない）ランナーは、衝撃が加わった際にふくらはぎの筋肉の活動量が増え、疲労として蓄積されます。

フォアフット走法への適性は、強靱なアキレス腱をもっているランナーのほうが高いのですが、アキレス腱にかかる負担に関しても、厚底シューズに搭載されたカーボンプレートの助力によって緩和されている可能性があります。

厚底シューズは、薄底シューズと比較して、膝を畳み込む動作がしやすく、フォアフット走法を行いやすいシューズといえるでしょう。

厚底シューズによって得られる恩恵を最大限に生かすために、重要度が増したのが、太ももの前側にある大腿四頭筋、そして、大臀筋、中臀筋といった臀筋群のトレーニングです。

故障を起こしやすい部位が変わった！

厚底シューズを着用すると、薄底シューズと比較して重心位置が高くなります。

裸足と下駄を履いたときの違いをイメージするとわかりやすいかもしれません。重心位置が高いこと自体が悪いわけではありませんが、良いバランスを保てるポジションが限られていることもあり、不安定な状態に陥りやすくなります。

また、厚底シューズのメリットは、着地の際に変形したソールの素材が元に戻ろうとする力を推進力へと変えられることですが、足元が変形するということは、クッション性や反発性は得られるものの、不安定さが増すといえるでしょう。

その不安定さを軽減し、フォームを安定させるのに不可欠なのが、大腿四頭筋や臀筋群というわけです。逆にいえば、大腿四頭筋や臀筋群の筋力が不十分な場合、厚底シューズを着用した際にフォームが不安定になる可能性があります。

実際、厚底シューズ登場後とそれ以前とを比較すると、ランナーが故障をしたり、痛みや違和感を覚えたりする部位が変化しています。

以前は、脛骨の周りにある骨膜が炎症を起こすシンスプリント、ランナーズニーとも呼ばれる膝の外側に痛みが起こる腸脛靱帯炎、足底筋膜炎、大腿骨の疲労骨折といったものが代表的な障害でした。

しかし、厚底シューズ登場以降、股関節周辺に違和感などを覚えるランナーが増加したといわれています。

実際、青学駅伝チーム内でも、厚底シューズを履く選手が増えて以降、**内転筋や中臀筋に張りを訴える選手が目立つようになり、仙骨の疲労骨折をする選手が出るなど、負担のかかる部位に変化**が見られました。

それらのケガ対策としても、臀筋群などの股関節周辺のトレーニングが必要という判断になりました。

厚底シューズが故障を起こしやすいシューズというわけではありません。薄底シューズと比較したときに、負担がかかりやすい部位が変わったということなのです。

そして、**トレーニングやレースで厚底シューズを活用するならば、そのためのウォーミングアップ、補強トレーニング、ケア方法が必要になる**ということが、イメージできるのではないでしょうか。

厚底シューズを履きこなすために必要なこと

厚底シューズ特有の反発性の高さを生かすためには、それに対応した体づくりが求められます。

シューズ自体が備えている機能が少なく、ランナーの動きを邪魔しないことを目的としていた薄底シューズに比べると、多少なりともシューズに合わせる必要が出てくるからです。

厚底シューズのブレを抑制し、しっかりと反発をもらうために重要となるのが、大腿四頭筋と臀筋群です。前足部で着地する際に、グッと乗り込みながら、安定した足運びをするのに、大腿四頭筋と臀筋群の筋力が欠かせないのです。

厚底シューズが登場したばかりのころ、比較的体の大きな選手が素早くアジャストしていたイメージがあるという人もいるのではないでしょうか。また、アスリートレベルでも、女性より男性のほうが使いこなすまでに時間がかからなかったのは、すでに十分な筋力があったからではないかと思います。厚底シューズをうまく使いこなすためには、下肢の筋力トレーニングは不可欠といえるでしょう。

体幹部の安定が必要なことは、薄底シューズであろうが厚底シューズであろうが変わりません。ただ、厚底シューズでは足と地面との距離が離れ、不安定な局面が増えるぶん、さらに重要度は増しているといえるかもしれません。

『青トレ 青学駅伝チームのコアトレーニング&ストレッチ』でも書きましたが、長距離ランナーにとって、コアの安定、とくにインナーユニットの強化が大切であることは変わりません。

コアがつぶれてしまうと、厚底シューズの恩恵を十分に得られませんし、股関節や膝への負担が大きくなります。

腹部をコルセットのように包む腹横筋、背中側に位置する多裂筋、横隔膜、骨盤底筋群で構成されるインナーユニットの強化は、引き続き行っていく必要があるのです。

厚底シューズを履きこなすためには、当然、それなりの距離を厚底シューズで走り、自分のフォームと厚底シューズを適応させていく必要があります。下肢のトレーニング、インナーユニットのトレーニングと並行していくことになりますが、ケアの方法も調整する必要があるでしょう。大臀筋、中臀筋、大腿四頭筋については、とくに負担が増えるので、いままで以上に入念にケアをするべきです。

厚底シューズで練習を積んでいると、薄底シューズを履いていたときにはなかった部位に違和感をもつこともあると思います。

自分の体の声に耳を傾け、しっかりとケアをして、ランニングライフを楽しみましょう。

中野ジェームズ修一

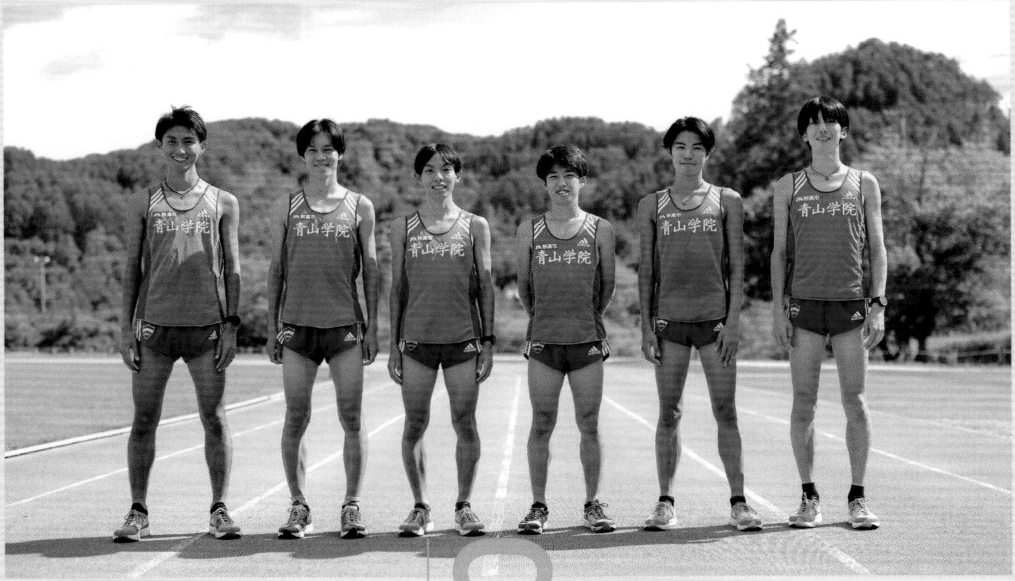

CHAPTER

青トレ2.0
ATSU TORE
厚トレ

CHAPTER_2

厚トレ 青学駅伝チーム体験談

2

厚底シューズ対策である「厚トレ」を含む青トレに励む青学駅伝チームの選手たち。
厚底シューズをレースや練習で履くようになって、どのような変化が起きたのか、
対策にはどんな効果があったのか。主力選手の方々からお話を聞きました。

志貴勇斗

4年／2001年12月27日生まれ／山形県立山形南高等学校／身長162㎝、体重47㎏／シューズのサイズ25.0㎝／血液型O型

初めて厚底シューズを履いたのはいつ？ そのとき、どのように感じましたか？

高校3年生の全国都道府県駅伝です。ちょうど出始めのブームのなか、それまでは疑心暗鬼でしたが、履いてみたら5キロメートルの通過で自己ベストが出てしまい驚きました。

厚底シューズのメリットとデメリットは？

メリットは、スタートから力を温存できて、力まずにスピードを維持できるので、きついところでも落ちないところ。デメリットは、調子が悪いときは、前方に行かずに上方に跳ねてしまい、力のロスが生まれるところです。

厚底シューズを履くようになってから、疲れやすい部位に変化はありましたか？

これまでは、ふくらはぎ周辺に疲れがきましたが、厚底シューズでは、ハムストリングス、大腿四頭筋、殿筋などの股関節周りにきます。実際、自分は1年から2年になる時期に、大腿骨を疲労骨折しました。

厚底シューズ対策として、現在、どのような「厚トレ」に取り組んでいますか？

「厚トレ」のなかでは「コアトレ」の強化をやっています。週3回のチームの補強トレーニングに加えて、中野さんにカスタマイズしてもらったコアトレメニューをプラス2日しています。

「厚トレ」をスタートしてから、どのような変化を感じていますか？

動きづくりをしてコアを入れて走ることで、自分の課題である上半身の力みが取れて、長い距離を走れるようになりました。また、エンコンパスを使ってトレーニングすることで、上半身と下半身の連動がスムーズになったと感じています。

青学入学後、「青トレ」に取り組むようになって体や意識に変化はありましたか？

高校までは足回りのトレーニングしかしていませんでしたが、「青トレ」の動的ストレッチをするようになり、上半身が鍛えられて腕振りも強くなりました。また、高校時代は差し込みに悩みましたが、コアトレをやることで徐々に解消されました。

自分の走りのここを見てほしい！

弾むようなダイナミックな走りで、勝負どころで仕掛けられるところ。箱根駅伝1区の区間賞を獲ることは前提として、ラストスパートでどれだけライバルに差をつけて後続につなげられるかというところを見てほしいです。

今季のキーマンは誰？

鶴川正也（3年）です。まだ、駅伝は未出走ですが、グイグイ前に進む推進力はけた違いで、ポテンシャルはチームナンバー1だと思います。精神力も強く、走るべき人間だと思うので期待しています。

今季の自分の役割は？

キーワードは「復活」です。2年のときは自分でも納得のいく走りができていたのに、3年のときは悔しい思いをしました。自分自身はもちろん、主将としてチーム全員が最高の状態でスタートラインに立てるよう、声をかけ合い、ピーキングをしていきたいです。

自分にとって最高のランとは？

2年のときの箱根駅伝1区（5位）の走りがそれまでの人生で最高のランでした。仕掛けられる余裕をもって、そのランを今季は超えていきたいです。

ランナーとしての将来の目標を教えてください！

まずは、大学3大駅伝に出場して優勝に貢献したいです。とくに前回の箱根駅伝では悔しい思いをしたので、しっかり借りを返したいと思います。そして、将来的にはマラソンの世界大会で活躍したいです。

小原 響

４年／2001年11月10日生まれ／宮城県仙台二華高等学校／身長180㎝、体重59kg／シューズのサイズ28.0㎝／血液型Ａ型

初めて厚底シューズを履いたのはいつ？ そのとき、どのように感じましたか？

高校1年生のときです。すごいシューズという先入観もあったと思いますが、実際に柔らかいのに反発力があって不思議な感覚でした。

厚底シューズのメリットとデメリットは？

メリットは、スピードが出るところ。また、従来のシューズに比べて、ふくらはぎ周辺のダメージが少ないところだと思います。デメリットは、走り込んでいなかったり、フィジカルがしっかりできていないと、うまく使いこなせないところだと思います。

厚底シューズを履くようになってから、疲れやすい部位に変化はありましたか？

接地のタイミングが不安定になるので、梨状筋が張ってきます。そうすると、自分の場合は神経痛が出てきます。

厚底シューズ対策として、現在、どのような「厚トレ」に取り組んでいますか？

昨年は「下肢トレ」、直近では「コアトレ」を重点的にやっています。上半身がブレると、うまく厚底シューズのメリットを使えないので、体幹を鍛えることに注力しています。あとは、殿筋周りの「ストレッチ」も意識して取り組んでいます。

「厚トレ」をスタートしてから、どのような変化を感じていますか？

昨年の前期、故障していた時期に、「厚トレ」の「下肢トレ」を重点的にやりました。バーベルを使って殿筋などの強化をしましたが、その成果もあって1年、2年のときは走れなかったハーフマラソンで、楽に力を抜いて走ることができました。

青学入学後、「青トレ」に取り組むようになって体や意識に変化はありましたか？

変化しかないです。入学して「青トレ」を学び、一気に情報が入ってきました。それこそ腹筋や背筋、腕立てをやってきた自分にとっては衝撃的でした。そして、夜はストレッチをしてセルフモビライゼーションして寝るということが、当たり前の習慣になりました。

自分の走りのここを見てほしい！

自分は３０００メートル障害がいちばん得意なので、その特性を生かしたスピードや、ラストの勝負強さも見てほしいです。

今季のキーマンは誰？

佐藤一世（4年）です。高校3年生のときに世代のトップとして入学してきましたが、駅伝シーズン直前に故障をしたりして、これまでの結果には満足していないと思います。ほかの大学のエースが世界で活躍するなかで、張り合えるのは、やはり一世だと思っています。

今季の自分の役割は？

副主将としてチームのことを一番に考えています。今年の4年は昨年に比べると、経験が浅い、エースがいない、層が薄いといわれますが、そこを覆すのが「チームの力」だと。そのために、チームとしての土台を固めるのが自分の役割だと思っています。

自分にとって最高のランとは？

小さくまとまった走りではなく、世界でも通じるような、長い手足を生かしたダイナミックな走りをしたいですね。

ランナーとしての将来の目標を教えてください！

陸上を始めてからの目標は、日の丸をつけて日本代表選手として活躍することですが、少しずつ近づいていると思います。２０２５年の世界陸上の東京大会、そして２０２８年のロサンゼルス五輪で最高のランをしたいです。

田中悠登

3年／2002年8月1日生まれ／福井県敦賀気比高等学校／身長181㎝、体重61kg／シューズのサイズ27.5㎝／血液型A型

初めて厚底シューズを履いたのはいつ？そのとき、どのように感じましたか？

高校3年生の全国高校駅伝です。転がるように、自分の足ではないかのような印象を受けました。一方で、進むけれど後半は疲れてくるという印象でした。

厚底シューズのメリットとデメリットは？

メリットは、推進力が格段に上がるところ。履くことで、自然と腰高になり、接地もフォアフット気味になり、走りの効率が上がりました。デメリットは、自分の体、筋力がしっかりしていないと、後半になると疲れてきて、スピードが落ちてきてしまうところです。

厚底シューズを履くようになってから、疲れやすい部位に変化はありましたか？

殿筋、大腿四頭筋などの股関節周りにきます。実際、2023年の箱根駅伝8区では、その部位に疲れが溜まり、15キロメートル過ぎの遊行寺（ゆぎょうじ）のあたりで足が止まりました。

厚底シューズ対策として、現在、どのような「厚トレ」に取り組んでいますか？

昨年は「下肢トレ」、今季は「コアトレ」を中心にやっています。週3回のチームの補強トレーニングに加えて、パーソナルトレーニングをトレーナーさんと相談しながらプラス1日しています。

「厚トレ」をスタートしてから、どのような変化を感じていますか？

高校生のときは、シューズに走らされている、転がされている感覚でした。でも、速いからいいかなと。正直、1年のときは、そんなに体幹って大事なのと思っていましたが、やっていたらブレなくなって故障が減り、結果、継続して練習も積めるようになりました。

青学入学後、「青トレ」に取り組むようになって体や意識に変化はありましたか？

書籍『青トレ』は、3冊とも発売直後に買ってずっと実践していました。いまの柔軟性はそのおかげです。そして、実際に青学駅伝チームに入り、どこを鍛えているのかが明確になり、より自分の体を使いこなせるようになりました。

自分の走りのここを見てほしい！

楽しそうに走るところ。「あっ、こいつ、こんなに楽しそうに走っているな」と思ってもらえるような、見ている人をワクワクさせる走りをしたいです。苦しいときこそ、白い歯を見せて笑いながら走りたいです。

今季のキーマンは誰？

鶴川正也（3年）です。もっているものは日本トップクラスで、本気で取り組んでいるときのオーラや思いも凄まじく、こういう人間が日本一になるのだと思っています。駅伝未出走なので、今年こそは三度目の正直を期待しています。

今季の自分の役割は？

「主要区間を走ること」だと思います。これまでも口にはしてきましたが、心のどこかで「無理だろう」と思っていました。でも、残りの陸上人生も1年4カ月。もてる力をすべてかけて、主要区間を走り切りたいと思います。

自分にとって最高のランとは？

先頭を走ってずっとテレビカメラに抜かれながら、沿道に家族がいたらそこに手を振り、笑顔でタスキを渡す。それが自分にとっての最高のランです。

ランナーとしての将来の目標を教えてください！

完全燃焼できたら、結果や成績はおのずとついてくると思います。そして、人としてもさらに成長して、卒部式のときには胸を張って、笑顔で後輩たちの前でスピーチしたいです。

太田蒼生

3年／2002年8月26日生まれ／福岡県大牟田高等学校／身長176㎝、体重56㎏／シューズのサイズ27.0㎝／血液型A型

初めて厚底シューズを履いたのはいつ？そのとき、どのように感じましたか？

高校2年生のときだったと思います。練習で1回履いて、駅伝の大会で使用しました。地面を感じないような厚底なのに、とても軽くて、不思議な感覚でした。

厚底シューズのメリットとデメリットは？

メリットは、自力だけでなく、シューズを武器にして走れるところ。また、後半でも疲れづらい点です。デメリットは、シンスプリントなど膝下のダメージは減りますが、腰回りのダメージが大きいこと。試合直後は腰回り、股関節周りの疲労感がすごいです。

厚底シューズ対策として、現在、どのような「厚トレ」に取り組んでいますか？

「厚トレ」のなかの「コアトレ」を中心にやっています。厚底はブレやすいので、ロングを走るうえで体幹を鍛えています。具体的には、「コアトレ」として、週に2回はハーフポールに両手両足を広げて仰向けに乗るメニューをしています。

「厚トレ」をスタートしてから、どのような変化を感じていますか？

「下肢トレ」は1年の夏から始めましたが、箱根駅伝で2年連続区間2位という結果が出たのも「厚トレ」の効果だと思います。走りが安定し、厚底シューズの反発力も最大限生かせるようになりました。練習内容に応じてシューズの履き分けもしています。

青学入学後、「青トレ」に取り組むようになって体や意識に変化はありましたか？

体幹が安定して、体を動かしやすくなりました。ただ、やらされるのではなく、正しい知識を理解したうえで、科学的根拠にもとづいたトレーニングをしているので、自分で意識しながら最大限の効果を得ることができ、実際の走りにつながっています。

自分の走りのここを見てほしい！

距離は長ければ長いほど得意で、単独走も集団走も両方いけるので、試合を楽しみながら、残り4分の1からロングスパートする姿を見てほしいです。

今季のキーマンは誰？

いろいろな意味を含めるならば、自分です。結構、故障が多いので、まずはスタートラインに立つことが大切ですが、ゲームチェンジャーにもなれますし、外さないので、エース区間でもそれ以外でもどこでもいけます。

今季の自分の役割は？

絶対に出走することが大切です。走り出せさえすれば、必ず楽しんで走れるので、役目はそこだと思っています。

自分にとって最高のランとは？

走りを心から楽しめることです。そういうときはゾーンに入っていて、走っている間も、相手との駆け引き、周りの風景、沿道の歓声、体の動き、血の巡りまでわかる。高揚するという意味ではお祭りと同じような感覚で、その場のいろんなものを楽しみたいです。

ランナーとしての将来の目標を教えてください！

中学生のときから、青学駅伝チームに入って箱根駅伝の2区で区間賞を獲りたいという目標を立て、一つひとつ実現してきました。いまは、オリンピックの表彰台の景色を見たいということです。単純にトップの景色を見てみたいという探求心が強く、自信もあります。

宇田川瞬矢

2年／2003年7月29日生まれ／東京農業大学第三高等学校／身長174㎝、体重55㎏／シューズのサイズ25.0㎝

初めて厚底シューズを履いたのはいつ？そのとき、どのように感じましたか？

高校2年生のときはまだ禁止されていなかったので、トラックレースで初めて履きました。最初は抵抗がありましたが、5000メートルの自己ベストが、いきなり15分16秒から、14分40秒になったので驚きました。

厚底シューズのメリットとデメリットは？

メリットは、自分はあまりケガをしない体なので、仙骨や腰回りに負担なくスムーズに省エネで走ることができるところ。デメリットは、練習など、普段のトレーニングで履いていると、それに慣れてしまいすぎて本番のレースで良さが出づらい点です。

厚底シューズを履くようになってから、疲れやすい部位に変化はありましたか？

自分の場合、腰が張ります。ストレッチポールに乗ったり、マッサージで張りをとったりするようにしています。また、練習前にバランスボールに乗って腰回りを柔らかくするようにしています。

厚底シューズ対策として、現在、どのような「厚トレ」に取り組んでいますか？

「厚トレ」のなかの「下肢トレ」をやっています。週2回のペースで、片足スクワット20回を5セットやっています。それに加えて、エンコンパスを使った「コアトレ」をしています。

「厚トレ」をスタートしてから、どのような変化を感じていますか？

「下肢トレ」を始めた直後はきつくて、最初はやらないほうがいいとも思いました。でも、4カ月過ぎたころから、走りにも変化が出てきました。筋力がつき、うまく体重移動ができて、長い距離を走れるようになりました。

青学入学後、「青トレ」に取り組むようになって体や意識に変化はありましたか？

高校生のときは、補強トレーニングも適当にやっていました。でも青学に入ると、「青トレ」が習慣化されていて、練習後、全員で集まってストレッチをするようになった。すると、翌日の練習にもスッーと入っていけるようになりました。

自分の走りのここを見てほしい！

1500メートルが得意なので、武器はスピードを生かしたレース展開です。ラストスパートも誰にも負けません。なので、距離が短い出雲駅伝はマストで活躍したいです。

今季のキーマンは誰？

田中悠登さんです。去年1年見ていて、チームを変えようとする意識には目を見張るものがありました。今季は選手層が薄いといわれていますが、チームのために意識改革をする姿勢は、きっといい影響を生むと思います。

今季の自分の役割は？

自分はネガティブになることはないので、チームのために声をかけて、士気を上げていきたいと思います。

自分にとって最高のランとは？

自分の武器であるスピードを生かして、ラスト400メートルで振り切って、ぶっちぎりでタスキを渡すレースをしたいです。

ランナーとしての将来の目標を教えてください！

箱根駅伝では6区で区間賞を獲れる走りをして、実業団から声をかけてもらえるような選手になりたいです。

黒田朝日

2年／2004年3月10日生まれ／岡山県立玉野光南高等学校／身長174㎝、体重55㎏／シューズのサイズ25.0㎝／血液型A型

初めて厚底シューズを履いたのはいつ？そのとき、どのように感じましたか？

高校1年生の駅伝のときだったと思います。そもそも、中学時代はバスケットボール部だったので、薄底も半年ちょっとしか履いていないため単純な比較はできませんが、厚底を履いたときはより走りやすさに驚きました。

厚底シューズのメリットとデメリットは？

メリットは、スピードを保ったまま長い距離を走ることができて、しかも、疲れないところだと思います。デメリットは、自分で走るというよりも、シューズに走らされるというイメージになると厳しいので、足づくりには不向きだと思います。

厚底シューズを履くようになってから、疲れやすい部位に変化はありましたか？

もともと大腿四頭筋や殿筋を使って走るタイプですが、初めて履いたときは、いつも以上に大きな疲労感がありました。

厚底シューズ対策として、現在、どのような「厚トレ」に取り組んでいますか？

「厚トレ」のなかの「コアトレ」と「自重の下肢トレ」を、チームトレーニングのなかでやっています。

「厚トレ」をスタートしてから、どのような変化を感じていますか？

疲れ方が変わりました。大学に入って初めて取り組みましたが、腰回りや大腿四頭筋の筋肉がついてきたなと思ったのは、始めてから1年後の冬くらいです。

青学入学後、「青トレ」に取り組むようになって体や意識に変化はありましたか？

今年に入って原監督に呼び止められ、「足回りの筋肉がしっかりついてきたな」と言われました。たしかに「下肢トレ」をしても筋肉痛にならなくなり、安定感も出てきたと思います。

自分の走りのここを見てほしい！

積極的な走りです。どの試合に出ても緊張しませんし、レースを外さないという自信があります。

今季のキーマンは誰？

箱根駅伝ならば、若林宏樹さん（3年）です。2023年の箱根駅伝は、5区と6区で失速したことが優勝できなかった大きな要因でした。その意味では、5区を走るであろう若林さんです。

今季の自分の役割は？

大学3大駅伝で勝っていくためには、自分が主力として活躍しないといけないと思っています。去年は強くて経験のある4年生が揃っていたけれど勝てなかった。今年は駅伝未出走の選手が多く出ます。ならば、出走する選手が活躍しないと優勝はできません。

自分にとって最高のランとは？

2023年7月の3000メートルのタイムトライアルで、8分02秒で1着で走ることができた。最初の200メートルで突っ込んで、そこから2番手あたりにつけて、最後の800メートルでスパートをかけて勝つ。そんなような走りが理想です。

ランナーとしての将来の目標を教えてください！

まずは、大学3大駅伝のすべてに出たいと思います。そのときそのときの大きなレースで活躍していきたい。その先に、未来が拓けていくと思います。

CHAPTER

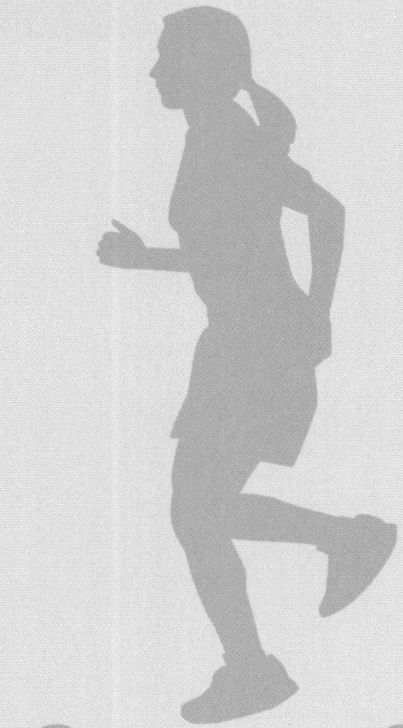

CHAPTER_3

厚トレ 動きづくり編

3

厚底シューズ特有の高い反発性を生かすには、地面からの強い反発を効率よく前進する力に変える感覚を養う必要があります。本章では、中野ジェームズ修一トレーナーが考案したランニング前に行う厚底シューズ用の動きづくりを紹介します。

厚底シューズに対応した体づくり、動きづくり

ケガを予防し、練習やレースでベストなパフォーマンスを発揮するためには、正しく体の準備をする必要があります。

ウォーミングアップで体の準備を整えてから、ランニングのための準備運動をする。この順序で行うことが、ケガ予防のためにもパフォーマンスアップのためにも大切です。ウォーミングアップで行う体の準備とは、おもに心臓、筋肉、関節を運動に適した状態に整えることです。

ウォーミングアップで段階的に心拍数を上げることで、心臓は激しい運動をする準備ができます。安静時に心臓から送り出される血液量は毎分5リットル程度ですが、激しい運動時には25～30リットルになるといわれています。

ウォーミングアップが不十分な状態で、ハイペースのランニングを行うと、心臓に負担がかかるだけでなく、心肺機能の準備が不十分なため、酸素がうまく運ばれず、体を動かしづらい、すぐに息が上がるといったことが起こります。

ウォーミングアップを行い、筋肉を徐々に動かしていくと、筋肉に流れる血液量が増加し、酸素や体を動かすためのエネルギー源が筋

肉に運ばれます。また、筋温が上昇することで、筋肉の粘性が低下し、筋肉をスムーズに動かせるようになります。

骨と骨をつなぐ連結部である関節は、関節包という組織に覆われており、関節包の中には、関節の動きをスムーズにする潤滑油にあたる滑液があります。筋温が上昇すると、滑液の分泌が促進され、関節の動きがスムーズになります。

ウォーミングアップおよび準備運動は、**①ウォーキングやジョギングで全身を温める⬇②競技に合わせた下肢の動作⬇③競技に合わせた上肢の動作⬇④厚底シューズ対応の動きづくり**（小さい動きから大きな動きへ）の4項目で行うことが基本となります。

ただ、青学駅伝チームでは、ジョギングで体を温めることからスタートし、次に上肢の動的ストレッチ、その次に下肢の動的ストレッチを行っています。ジョギングにかなり時間をかけているため、ある程度動かしている下肢よりも上肢の動的ストレッチを優先しているのです。

厚底シューズ対応メニューとして大きく変えたのは、④の動きづくりになります。

厚底シューズ特有の反発を生かしながら、安定したフォームで走るために、その感覚を養う「厚底シューズ対応の動きづくり」メニューを準備運動に加えました。

そのなかでも、とくに効果があって取り組んでほしい4つのメニューを選んで紹介しています。

厚底シューズを使いこなすためには、準備運動も重要なのです。

①T字バランス

左右 各2回

ドローイン

鼻から息を吸ってお腹を膨らませながら、腰を意識的に大きく反ります。口から息を吐きながら、腹横筋を使って背中にナチュラルカーブをつくります。同時に肛門を軽く締めるようにして、骨盤底筋群を連動させます。

ナチュラルカーブ

脊柱は本来、S字に弯曲しています。この本来あるべき弯曲をナチュラルカーブといいます。腰椎は前弯していることで、地面からの衝撃を吸収しているのです。

背中にナチュラルカーブをつくる

姿勢をキープしたまま肩を後ろ方向に回します。

片足立ちになり、両手を広げます。カタカナの「イ」の角度をイメージして体を前方に倒します。ドローインをして背中にナチュラルカーブをつくります。

動画でCHECK!

5回程度回したら、コアが抜けないように体を起こし、20メートルほどダッシュします。左右の足を変えて同様に行います。

②リズミックジャンプ

3セット

両足を1歩分前後に開いて立ちます。前傾姿勢をとり、後ろ側の足はつま先立ちに。

動画でCHECK!

肩甲骨から大きく前方に腕を回しながらジャンプし、空中で前後の足を入れ替えます。

リズミカルに5回繰り返したら、20メートルほどダッシュします。腕を回す遠心力を利用しながら、地面からの反発を利用する感覚を養います。

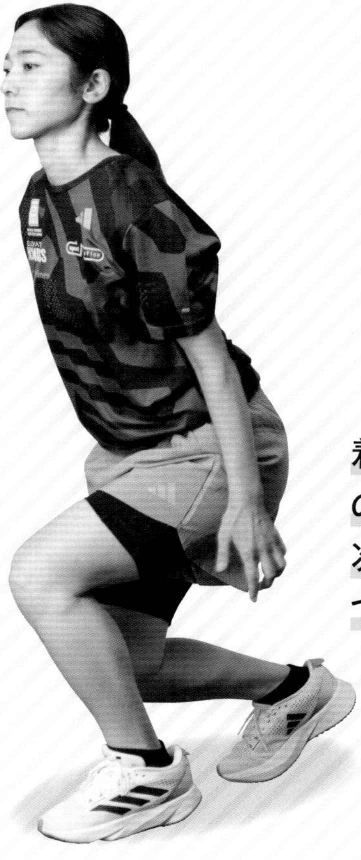

着地時に地面からの反発をもらい次のジャンプにつなげる

③前足部ジャンプ

前側の足の前足部で床を蹴ってジャンプします。

左右5回
3セット

その場でジャンプ

両足を前後に1歩分開いて立ちます。膝を曲げて腰を落とし、前傾姿勢をとります。重心を前側の足に移動し、後ろ側の足はつま先立ちに。

前傾姿勢に

着地は前足部で行います。

前足部から着地します。元の姿勢に戻り、5回繰り返します。

前足部で着地

動画でCHECK!

④マーカーホップ

3セット

マーカーを５つほど用意します。マーカー間の距離は大股１歩分程度。マーカーを目印にポンポンとホップし、マーカーがなくなった地点から20メートルほど走り抜けます。着地はつねに前足部で行います。

動画でCHECK!

CHAPTER

CHAPTER_4

厚トレ 下肢トレーニング編

4

厚底シューズを履きこなすための重要なカギとなるのが、下肢の筋力トレーニング。臀部、太ももの筋肉を鍛えることで、シューズの反発性を生かしながら、着地時のブレを抑えることができる中野ジェームズ修一トレーナーが考案したトレーニングを紹介します。

CHAPTER_4 POINT

抜群の効果を生む下肢の筋力トレーニング

厚底シューズ特有の反発性を最大限に生かしつつ、フォームを安定させるためには、臀部と大腿四頭筋の強化が不可欠になります。

大きな筋肉である臀部や大腿部の筋肉を鍛えようとすると、それなりに大きな負荷をかけなくてはいけません。

青学駅伝チームでは、バーベルを使ったウエイト・トレーニングを行っていますが、高重量のバーベルやダンベルを扱うウエイト・トレーニングは、自己流で行うとケガのリスクが高くなるので、注意が必要です。

とくに長距離ランナーの場合、筋肉量が多くない痩せ型タイプであることがほとんどです。体を支える体幹部も十分に強くない状態で、高重量のバーベルを扱うトレーニングをすると、脊柱側弯症の方にとってはリスクが高いですし、また脊椎分離症を起こす可能性があります。バーベルを扱うトレーニングを行う場合は、最初は専門家の指導を受けるようにしてください。

そのうえで、大臀筋、中臀筋、大腿四頭筋を鍛えようとしたとき、初期段階としてスポーツジムにあるマシンでトレーニングを行うという選択肢もあります。

バーベルを使ったトレーニングと比較するとリスクが少なく、動作が複雑ではないので、指導は容易になります。

しかし、マシンは特定の筋肉のみを動かすトレーニングとなるため、競技力向上の観点からはどうしても限界があります。ランニング中、筋肉は単体で動いているわけではないからです。マシンでのトレーニングは、あくまでもステップ1という位置付けになります。

また、骨が成長段階にある中学生年代は、高負荷の筋力トレーニングは避けるべきでしょう。成長している間は骨がまだ柔らかく、過度な負荷をかけると変形してしまう可能性があるからです。

骨の成長には個人差があり、高校生年代になったとしても身長が伸びているようなら、まだまだ成長段階です。大きな負荷をかけるのは避けるべきでしょう。

中学生年代は、呼吸・循環器系が発達する時期で、心肺機能を向上させるのにとても適しています。

アウターマッスルの筋力トレーニングよりも、走り込みを優先し、厚底シューズの使用は限定的にするのが望ましいといえます。

筋力強化をねらう場合、少なくとも週に2回はトレーニングを行う必要があります。効率よく筋力アップを目指すのであれば、長い距離を走り込む日とは別の日に設定するようにしてください。

また、筋力トレーニングの効果を実感するためには、3カ月以上の継続が必要なことも覚えておきましょう。

本書では、バーベルを使った種目を中心に下肢のトレーニングを紹介しています。ですが、まずは、基本となるベーシックなスクワットや、ケガのリスクが小さい自体重で行える下肢トレーニングからスタートしてください。

青学駅伝チームでは、どの種目に取り組むかは選手によって異なりますが、それぞれの課題に合わせ、このなかから1~2種目選んでもらえればと思います。

セット数はそれぞれ2~3セットになります。筋力トレーニングの効果を最大化するのであれば、5セットが理想的です。

しかし、疲労も大きく、ランニングのトレーニングに影響が出てしまう可能性が高いので、無理はしないようにしてください。

回数と重量については、最大反復回数(Repetition Maximum/RM)が8~12回の設定で行うのが高負荷トレーニングの基本で、長距離選手は体の線が細く、ケガのリスクが大きくなるため、青学の選手たちも高重量のウエイト・トレーニングは行っていません。

設定は個人によってまちまちですが、大体25~30RMの重量を10~20回行っています。

本書で紹介している回数・セット数は、あくまで目安だということをご了承ください。

また、本書では動作を見やすくするために、パワーラックを使わずに撮影していますが、安全性の確保のために必ず使用してください。

動画でCHECK!

バーベルを使った下肢トレーニングをする際は、安全性を確保するためにパワーラックを用意しましょう。

写真のような簡易版のラックもあります。

下肢のトレーニングだけでなく、コアトレーニングやリハビリなどにも活用できるENCOMPASS（エンコンパス）は、テコと滑車の原理を利用したトレーニング器具。青学駅伝チームの寮にも設置されています。

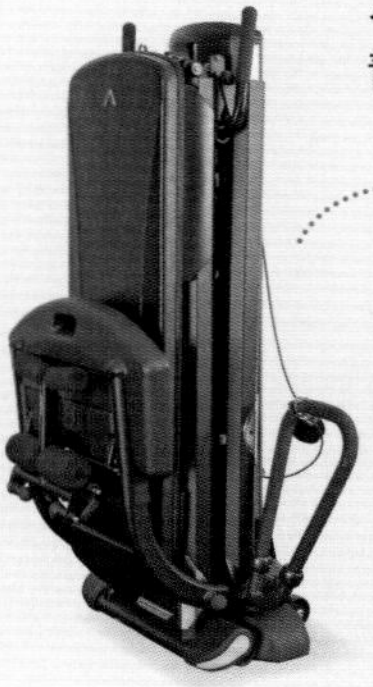

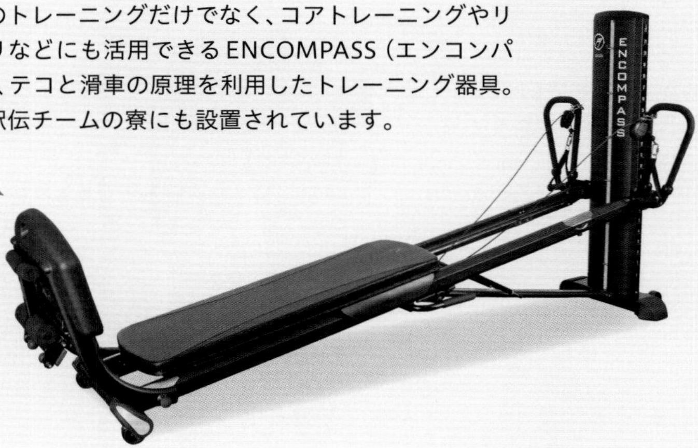

高負荷の下肢トレができるかの2つのスクリーニング

正しい姿勢がとれるようになるまでは、コアトレーニングやストレッチに集中し、高負荷のトレーニングには取り組みません。

動画でCHECK!

①立位体前屈をして脊柱の側弯がないかを確認

両足を腰幅に開いて立ちます。膝を伸ばしたまま前屈します。

左右の高さが同じ

OK

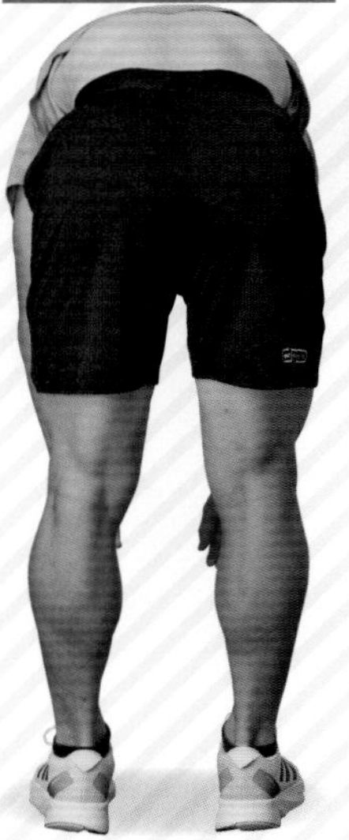

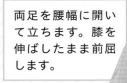

背面から見て胸椎の高さが左右で揃っていればOKです。

NG

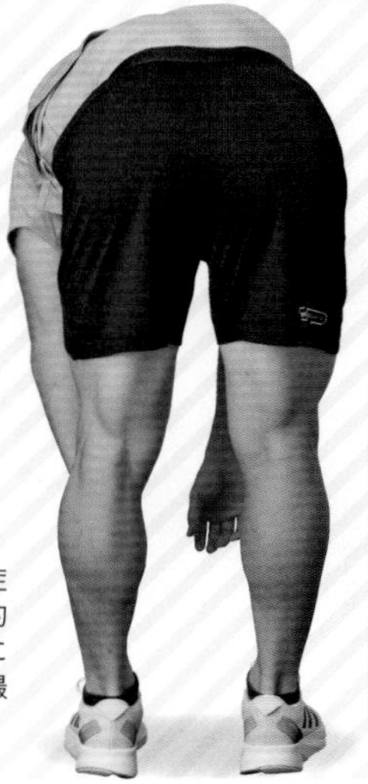

背面から見て胸椎の高さに明らかに左右差がある場合は、バーベルを使った高負荷のトレーニングを行うとケガのリスクが大きくなります。

※実際にモデルが側弯症ではないので、意図的に側弯に見えるように少し不自然な動作で撮影しています。

動画でCHECK!

②オーバーヘッドスクワットをして腰椎の前弯ができるかを確認

両足を腰幅に開いて立ちます。背すじを伸ばし、両手は頭に。

太ももが床と平行になるまで腰を落とします。このとき骨盤が前傾し、腰椎が前弯していればOKです。

腰椎が後弯してしまう場合は、バーベルを使った高負荷のトレーニングを行うとケガのリスクが大きくなります。

スクワットの正しいフォームと間違ったフォーム

下肢トレーニングの基本中の基本となるスクワット。正しいフォームがとれないと、ねらった部位に効かせることができないうえに、ケガのリスクが高まります。まずは、正しいフォームがとれているかどうかを入念にチェックしましょう。

正しいフォーム（横から）

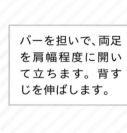

バーを担いで、両足を肩幅程度に開いて立ちます。背すじを伸ばします。

正しいフォーム（正面から）

骨盤の前傾、腰椎の前弯を維持しながら腰を落とします。

太ももが床と平行になる高さまで腰を落とします。膝がつま先よりも前に出ないように注意してください。

動画でCHECK!

バーがつねに床と平行になるようにしてください。

間違ったフォーム①

間違ったフォーム②

脊柱が後弯し、頭が前に出てしまっているフォームはNG

脊柱がまっすぐ立ち、反り腰気味になっているフォームはNG

間違ったフォーム③

間違ったフォーム④

脊柱の屈曲が強く、おじぎをしているようなフォームはNG

ニーインと呼ばれる膝が内側に入るフォームはNG

①股関節にタオルを挟んで股関節から動かすことを意識させる

スクワットの正しいフォームをとれるようにするための練習を2つ紹介します。トレーニング前の意識付けに行うのも効果的です。

タオルを用意します。タオルの両端を握り、両足を肩幅程度に開いて立ちます。

タオルを股関節に当て、挟み込むように腰を落としていきます。

動画でCHECK!

タオルを引っ張って、簡単に抜けてしまわないかチェックします。タオルがスルスルと抜けず、しっかり挟み込めていればOKです。

膝がつま先よりも前に出ないように注意しながら、太ももが床と平行になるまでしっかりと腰を落とします。

②肩甲骨の内外転をしながらスクワットし脊柱を動かすことを意識させる

両足を肩幅程度に開いて立ちます。両腕を前方に伸ばし、胸の高さで手のひらを合わせます。

肩甲骨を寄せながら両腕を左右に広げつつ、腰を落としていきます。

腰椎の前弯をキープしながら、しっかりと腰を下ろします。

腰椎が前弯せず、背中が丸くなってしまうのはNGです。

動画でCHECK!

太ももが床と平行になる高さまで腰を落とします。両腕も床と平行になるように。

①足幅が狭いスプリットスクワット

大臀筋と大腿四頭筋に効かせます

左右 各
10回
×
3セット

両足を腰幅に開いて立ち、片足を1歩分下げます。後方の足はつま先立ちに。背すじは伸ばし、視線は前方へ。

腰椎の前弯を維持しながら腰を落としていきます。前側の脚の太ももが床と平行になる高さまで沈み込み、戻ります。前側の膝がつま先よりも前方に出ないように注意しましょう。反対側も同様に行います。

腰椎は前弯

動画でCHECK!

②足幅が広いスプリットスクワット

大臀筋と大腿四頭筋に効かせます

▶足幅が広がるぶん、負荷が大きくなります

左右 各
10回
×
3セット

両足を腰幅に開いて立ち、片足を大股1歩分下げます。後方の足はつま先立ちに。背すじは伸ばし、視線は前方へ。

スタンスを広くとる

腰椎の前弯を維持しながら腰を落としていきます。前側の脚の太ももが床と平行になる高さまで沈み込み、戻ります。前側の膝がつま先よりも前方に出ないように注意しましょう。反対側も同様に行います。

動画でCHECK!

③つま先をタオルにのせた、足幅が広いスプリットスクワット

つま先の位置が高くなることで、より大臀筋に効きやすくなります

左右 各
10回
×
3セット

タオルを用意します。両足を腰幅に開いて立ち、片足を大股1歩分下げます。後方の足はつま先立ちに。背すじは伸ばし、視線は前方へ。前側の足のつま先を畳んだタオルの上にのせます。

畳んだタオルにつま先をのせて、数センチメートルつま先を上げる

POINT

つま先がかかとよりも高くなることがポイントです。

大臀筋に効かせる

腰椎の前弯を維持しながら腰を落としていきます。前側の　脚の太ももが床と平行になる高さまで沈み込み、戻ります。前側の膝がつま先よりも前方に出ないように注意しましょう。反対側も同様に行います。

動画でCHECK!

④かかとをタオルにのせた、足幅が広いスプリットスクワット

かかとの位置が高くなることで、より大腿四頭筋に効きやすくなります

左右 各
10回
×
3セット

タオルを用意します。両足を腰幅に開いて立ち、片足を大股1歩分下げます。後方の足はつま先立ちに。背すじは伸ばし、視線は前方へ。前側の足のかかとを畳んだタオルの上にのせます。

畳んだタオルに
かかとをのせて
傾斜をつくる

POINT

かかとがつま先よりも高くなることがポイントです。

大腿四頭筋に効かせる

腰椎の前弯を維持しながら腰を落としていきます。前側の脚の太ももが床と平行になる高さまで沈み込み、戻ります。前側の膝がつま先よりも前方に出ないように注意しましょう。反対側も同様に行います。

動画でCHECK!

⑤スプリット&スタンドアップ

大臀筋と大腿四頭筋に効かせます

▶スプリットスクワットよりも負荷が大きくなります

両足を腰幅に開いて立ち、片足を大股1歩分下げます。後方の足はつま先立ちに。背すじは伸ばし、視線は前方へ。腰椎の前弯を維持しながら、前側の太ももが床と平行になる高さまで腰を落とします。

左右 各
10回
×
3セット

後ろ側の足はつま先立ち

後ろ側の足を床から離しながら立ち上がり、前側の脚に重心を移動していきます。

後ろ側の足を床から離す

直立の姿勢に戻り、繰り返します。反対側も同様に行います。

動画でCHECK!

⑥スプリット&スタンドアップ スライダー

大臀筋と大腿四頭筋に効かせます

▶タオルを使うことで、前ページのものより難易度が上がります

左右 各
10回
×
3セット

タオルを用意します。両足を腰幅に開いて立ち、片足を大股1歩分下げます。後方の足はタオルにのせてつま先立ちに。腰椎の前弯を維持しながら、前側の太ももが床と平行になる高さまで腰を落とします。

後ろ側の足はタオルにのせてつま先立ちに

直立の姿勢に戻り、繰り返します。反対側も同様に行います。

タオルを前方にスライドさせながら立ち上がります。

動画でCHECK!

⑦ニーアップバランス ノーマル

大臀筋、大腿四頭筋に加え、腸腰筋に効かせます

注意! かなりレベルが高い種目になります。不安定になり体勢が崩れることを前提に、補助をつけて安全第一で行いましょう。

左右 各 10回 × 3セット

両足を腰幅に開いて立ち、片足を大股1歩分下げます。後方の足はつま先立ちに。背すじは伸ばし、視線は前方へ。腰椎の前弯を維持しながら、前側の太ももが床と平行になる高さまで腰を落とします。

後ろ側の足はつま先立ち

後ろにあった足を前方に振り出し、太ももが床と平行になる高さまで膝を持ち上げます。元の位置に戻り、繰り返します。反対側も同様に行います。

後ろ側の足を床から離しながら立ち上がり、前側の脚に重心を移動していきます。

太ももが床と平行になるまで膝を上げる

後ろ側の足は床から離す

動画でCHECK!

⑧ニーアップバランス ステップ台

大臀筋、大腿四頭筋に加え、腸腰筋に効かせます

►ステップ台で高さが出るぶん、前ページのものより難易度が上がります

注意! かなりレベルが高い種目になります。不安定になり体勢が崩れることを前提に、補助をつけて安全第一で行いましょう。

前側の足をステップ台にのせる

左右 各
10回
×
3セット

片足をステップ台の上にのせ、反対側の足を大股1歩分下げます。後方の足はつま先立ちに。背すじは伸ばし、視線は前方へ。腰椎の前弯を維持しながら、しっかりと腰を落とします。

動画でCHECK!

ステップ台にのせた足に
重心を移動

後ろ側の足を床から離しながら立ち上がり、前側の脚に重心を移動していきます。

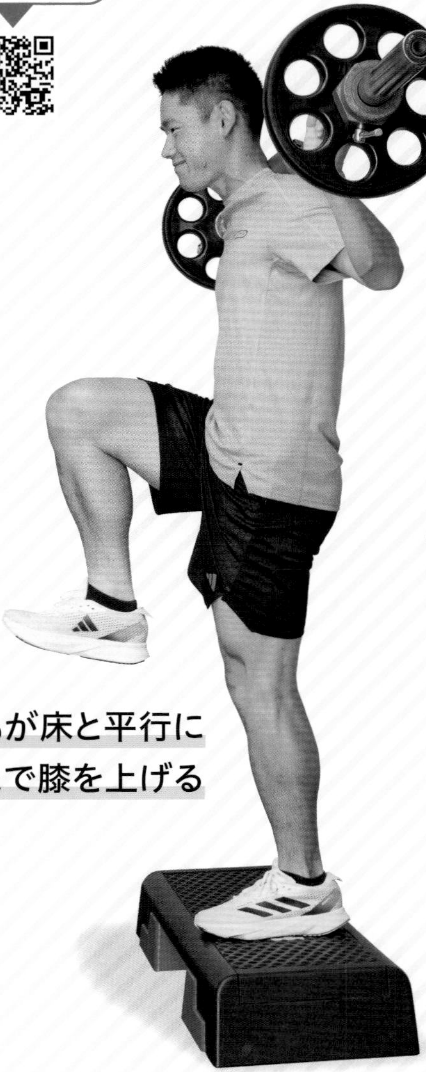

太ももが床と平行に
なるまで膝を上げる

後ろにあった足を前方に振り出し、太ももが床と平行になる高さまで膝を持ち上げます。元の位置に戻り、繰り返します。反対側も同様に行います。

⑨エアプレイン〈Level1〉

中臀筋に効かせます

左右 各
10回
×
3セット

両足を腰幅に開いて立ち、片足を大股1歩分下げます。両腕を左右に広げ、前傾姿勢をとります。

動画でCHECK!

骨盤から体をひねり、胸を横に向けます。視線は上方にある手の指先へ。元に戻り、繰り返します。反対側も同様に行います。

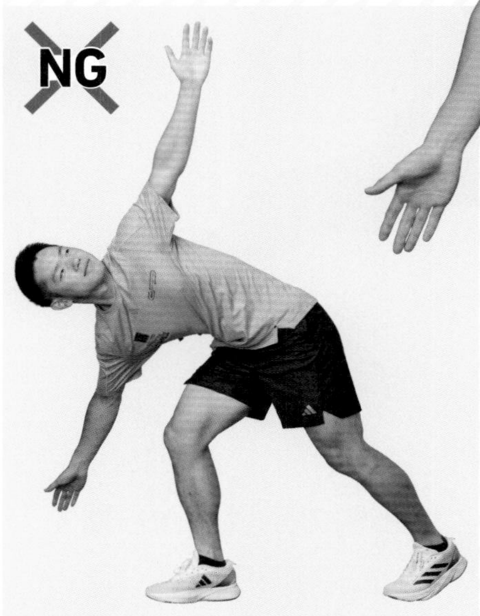

胸椎からひねるのはNGです。
骨盤から体をひねりましょう。

⑩エアプレイン〈Level2〉

中臀筋に効かせます

▶足を浮かせて行うぶん、前ページのものより負荷が大きくなります

両足を腰幅に開いて立ち、片足を大股1歩分下げます。両腕を左右に広げ、前傾姿勢をとります。後ろ側の足を床から離します。

左右 各 10回 × 3セット

後ろ側の足は浮かせたまま、骨盤から体をひねり、胸を横に向けます。視線は上方にある手の指先へ。元に戻り、繰り返します。反対側も同様に行います。

動画でCHECK!

⑪エアプレイン〈Level 3〉

中臀筋に効かせます

▶椅子の高さがあるぶん、難易度が高くなります

左右 各
10回
×
3セット

椅子を用意します。両足を腰幅に開いて立ち、
片足を大股1歩分下げ、椅子の上にのせます。
両腕を左右に広げ、前傾姿勢をとります。

動画でCHECK!

後ろ側の足は椅子にのせたまま、骨盤から体をひねり、胸を横に向けます。視線は上方にある手の指先へ。元に戻り、繰り返します。反対側も同様に行います。

⑫エアプレイン〈Level4〉

中臀筋に効かせます

►バランスボールを使って不安定さが増すぶん、
難易度が高くなります

左右 各
10回
×
3セット

後ろ側の足を
バランスボールにのせる
膝は自然に曲げる

バランスボールを用意します。両足を腰幅に開いて立ち、片足を大股1歩分下げ、バランスボールの上にのせます。両腕を左右に広げ、前傾姿勢をとります。

動画でCHECK!

後ろ側の足はバランスボールにのせたまま、骨盤から体をひねり、胸を横に向けます。視線は上方にある手の指先へ。元に戻り、繰り返します。反対側も同様に行います。

⑬ ヒップリフト

大臀筋に効かせます

▶多くの人が取り組みやすい種目です

20回
×
3セット

床に仰向けに寝て、両膝を立てます。
両腕はハの字に広げて床につけます。

足が体に近すぎると、膝が鋭角になってしまいます。腰を持ち上げたときに、膝の角度が90度程度になるように調整してください。

臀部を持ち上げます。このとき、肩から膝まで一直線になるようにします。元に戻り、繰り返します。

動画でCHECK!

⑭片足ヒップリフト

大臀筋に効かせます

►片足になるぶん、前ページのものより
負荷が大きくなります

片方の足をしっかりと持ち上げる
膝は自然な角度に

左右 各
10回
×
3セット

床に仰向けに寝て、両膝を立てます。両腕はハの字に広げて床につけます。片方の足を床から離して持ち上げます。

片足を床から離したまま、臀部を持ち上げます。このとき、肩から膝まで一直線になるようにします。元に戻り、繰り返します。反対側も同様に行います。

動画でCHECK!

⑮ ENCOMPASS レッグプレス〈1〉

大臀筋に効かせます

►青学の寮にもあるENCOMPASS(エンコンパス)を使ったトレーニングです

左右 各
10回
×
3セット

膝は90度程度に曲げる

つま先は台の外に

エンコンパスの上に横になります。上側の足の中足部からかかとまでを台にのせ、膝を90度程度に曲げます。下側の手は頭の下に。上側の手でボードを握りバランスをとります。

**かかとで押して
大臀筋に効かせる**

上側の足のかかとで台を押すようにして、膝を伸ばします。元に戻り、繰り返します。反対側も同様に行います。

動画でCHECK!

⑯ ENCOMPASS レッグプレス〈2〉

大腿四頭筋に効かせます

左右 各
10回
×
3セット

上側の足のつま先を台に

エンコンパスの上に横になります。上側の足のつま先を台にのせます。下側の手は頭の下に。上側の手でボードを握りバランスをとります。

下側の足は外に出す

つま先で押して
大腿四頭筋に効かせる

上側の足のつま先で台を押すようにして、膝を伸ばします。元に戻り、繰り返します。反対側も同様に行います。

動画でCHECK!

⑰ ENCOMPASS ヒップリフト〈1〉

大臀筋に効かせます

20回 × 3セット

両足のかかとを台にのせる

エンコンパスの上に仰向けになります。両足を腰幅に開いて、かかとを台の上にのせます。両腕は体側に沿って伸ばします。

肩から膝までを一直線に
腰が落ちないように注意

かかとで台を押すようにして腰を持ち上げます。このとき、肩から膝まで一直線になるようにします。元に戻り、繰り返します。

動画でCHECK!

⑱ENCOMPASS ヒップリフト〈2〉

大臀筋に効かせます

▶片足になるぶん、前ページのものよりも負荷が大きくなります

左右 各
10回
×
3セット

片足を台から離します

エンコンパスの上に仰向けになります。両足を腰幅に開いて、かかとを台の上にのせます。両腕は体側に沿って伸ばします。片足を台から離します。

肩から膝までを一直線に
ENCOMPASS
腰が落ちないように注意

かかとで台を押すようにして腰を持ち上げます。このとき、肩から膝まで一直線になるようにします。元に戻り、繰り返します。反対側も同様に行います。

動画でCHECK!

下肢トレーニング前に行うウォーミングアップと準備運動

バーベルを使う負荷の大きな下肢トレーニングをする際には、しっかりとウォーミングアップと準備運動を行う必要があります。ケガのリスクが大きくなるので、いきなり高重量を扱うのは避けてください。

《 準備運動① 》

バーのみを使って20回程度、動作を繰り返します。

ウォーミングアップ 10〜15分のジョギング

体をしっかりと温められる強度で行います。屋外を走ってもかまいませんし、バイクを漕いでもOKです。

動画でCHECK!

《 準備運動② 》

設定負荷の50%ほどの
重量で20回程度、動作を
繰り返します。

CHAPTER

CHAPTER_5

厚トレ コアトレーニング編

5

「青トレ」の要でもあるコアのトレーニングは、厚底シューズ対策にも欠かせないもの。コアが強くなれば、ランニングフォームの安定はもちろん、下肢トレーニングの効果アップにもつながります。そのためのメニューを中野ジェームズ修一トレーナーが解説します。

より必要になってくるコアトレーニング

体の軸がぶれる原因は、骨と骨の間にある空洞にあります。

たとえば、肋骨と骨盤の間には腹腔と呼ばれる大きな空洞があります。もしも、肋骨が骨盤近くまで続いていれば、体の安定性は高まりますが、そのぶん、上半身の稼働性は失われます。

人間の体は、腹腔のおかげでさまざまな動作が可能になっている反面、その空洞のせいで体の安定が損なわれているのです。

腹腔を覆う筋肉群はコアユニットと呼ばれており、この筋肉群を鍛えることを、一般的にコアトレーニングと呼んでいます。

コアユニットをわかりやすくイメージするためにたとえるなら、胴体部分を支えるトイレットペーパーの芯のようなものです。

肋骨と骨盤の間に紙の厚いトイレットペーパーの芯が備わっていれば、ランニング中に着地した際にも芯はつぶれず、良いフォームがキープできます。

しかし、トイレットペーパーの芯が水に濡れてふやけたら、全体がグニャグニャになってしまいます。それと同様に、体も着地時の衝撃に耐えきれずに、つぶれてバランスを失います。

コアユニットが不安定だと、効率良く前に進めないだけでなく、股関節や膝に負担をかけることになります。

ですから、厚底シューズの特性を生かすのならば、より一層コアトレーニングが重要になるのです。

コアユニットは、内側に位置するインナーユニットと、外側に位置するアウターユニットに大きく二分されています。

インナーユニットは、腹横筋、多裂筋、横隔膜、骨盤底筋群で構成されています。一方のアウターユニットを構成するのは、腹直筋、広背筋、腹斜筋群といった筋肉です。腹斜筋群については、内腹斜筋をインナーユニット、外腹斜筋をアウターユニットとすることがありますが、学術的に決まっているものではありません。

青学駅伝チームでは、①インナーユニットの使い方の習得➡②インナーユニットの強化➡③アウターユニットの強化、というステップでコアトレーニングを行っています。

コアトレーニングと下肢の筋力トレーニングは並行して行っていますが、**コアが弱い段階では、高重量を扱う下肢のトレーニングのリスクが高いため、ある程度コアが強くなるまでは、その段階には移行しません。まずは、じっくりとコアを鍛えるべきでしょう。**

本書のコアトレーニングは、『青トレ 青学駅伝チームのコアトレーニング&ストレッチ』内のものよりも、少しレベルが高いものになります。コアトレーニングに取り組む際は、まず、同書にある「インナーユニットの使い方の習得」からスタートしてください。

①サイドプランク+腕振り

左右
各30秒

ドローイン

鼻から息を吸ってお腹を膨らませながら、腰を意識的に大きく反ります。口から息を吐きながら、腹横筋を使って背中にナチュラルカーブをつくります。同時に肛門を軽く締めるようにして骨盤底筋群を連動させます。

ナチュラルカーブ

脊柱は本来、S字に弯曲しています。この本来あるべき弯曲をナチュラルカーブといいます。腰椎は前弯していることで、地面からの衝撃を吸収しているのです。

横向きになり、下側の肘を立てます。肘は肩の真下にくるようにします。上側の手で1キログラムの重さのダンベルを握ります。両膝は揃えて90度程度に曲げてください。ドローインをして背中にナチュラルカーブをつくります。

CHAPTER_1
CHAPTER_2
CHAPTER_3
CHAPTER_4
CHAPTER_5
CHAPTER_6

バリエーション

サイドプランクの姿勢で膝に痛みが出る人は、小さなエクササイズボールやクッションなどを膝に挟みましょう。

腰が落ちないように注意

姿勢を維持したままダンベルを持った腕をリズミカルに前後に振ります。反対側も同様に行います。

動画でCHECK!

②バキューム バランスボール

20回
×
3セット

バランスボールを用意します。うつ伏せになり、両手を床について体を起こし、バランスボールの上に両足をのせます。ドローインをして背中にナチュラルカーブをつくります。

CHAPTER_1
CHAPTER_2
CHAPTER_3
CHAPTER_4
CHAPTER_5
CHAPTER_6

バランスボールを転がして引き寄せる

両足を使ってバランスボールを手の方に引き寄せながら、臀部を持ち上げます。元に戻り、繰り返します。

動画でCHECK!

③サイドプランク ニーリフト〈Level1〉

横向きになり、下側の手を床について体を持ち上げます。手は肩の真下にくるようにします。ドローインをして背中にナチュラルカーブをつくります。下側の膝を自然に曲げて、足を少し後方に置きます。

左右各30秒

下側の脚を前方に振り出し、膝を胸に近づけます。リズミカルに繰り返します。反対側も同様に行います。

体がブレないように注意
股関節が90度程度に屈曲するまで
膝を胸に近づける

動画でCHECK!

CHAPTER_1
CHAPTER_2
CHAPTER_3
CHAPTER_4
CHAPTER_5
CHAPTER_6

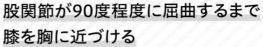

④サイドプランク ニーリフト〈Level2〉

左右
各30秒

ベンチなど高さのある台を用意します。横向きになり、下側の手を床について体を持ち上げます。手は肩の真下にくるようにします。上側の足をベンチにのせます。ドローインをして背中にナチュラルカーブをつくります。下側の足は床から離します。

肩の真下に手を置かないと、肩を痛めてしまう可能性があるので注意してください。

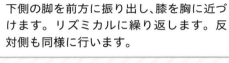

下側の脚を前方に振り出し、膝を胸に近づけます。リズミカルに繰り返します。反対側も同様に行います。

体がブレないように注意

股関節が90度程度に屈曲するまで膝を胸に近づける

動画でCHECK!

青トレ2.0
ATSU TORE
厚トレ

CHAPTER

CHAPTER_6

厚トレ ストレッチ編

6

ケガなくトレーニングを続けるために、つねに高いパフォーマンスで練習をするために、ストレッチでのケアは欠かせません。疲労を蓄積させないためのストレッチを中野ジェームズ修一トレーナーが解説します。

CHAPTER_5 POINT

厚底シューズ時代の最適なケア方法

厚底シューズになったからといって、ランナーが練習後に静的ストレッチを行うべき部位が、劇的に変化するということはありません。

大臀筋、中臀筋、大腿四頭筋、ハムストリングス、腸腰筋、腓腹筋、ヒラメ筋、前脛骨筋、足底筋群などといった筋肉が、ランニングの動作で使われることは変わらないからです。

ただし、**厚底シューズで走ったときと薄底シューズで走ったときを比較すると、負担がかかりやすい部位は変わってきます。**

たとえば、大臀筋や中臀筋、大腿四頭筋については、厚底シューズで走ったときのほうが、負担が大きくなるといえるでしょう。

当然、個人差はあるものですが、厚底シューズを履くようになったことで、いままではそれほど入念にケアをしなくても大丈夫だった部位に、違和感や疲労感が出るようになることは起こりえます。

その変化に気がついたなら、疲れを感じやすくなった部位については、注意深くケアをしていく必要があるでしょう。

また、厚底シューズを使いこなすために、筋力トレーニングを日々の練習メニューに取り入れた場合、下肢への負担が大きくなります。とくに、筋力トレーニングに慣れないうちは、疲れを感じることが多いかもしれません。

筋力トレーニングを始めた結果、疲れが溜まって、思うように走る練習ができなくなってしまっては、本末転倒です。

トレーニングによる疲れは、可能な限り速やかにリカバリーし、次の練習に向かう必要があります。

走るトレーニングをした日はもちろん、筋力トレーニングを行った日も、しっかりと静的ストレッチを行ってください。

筋肉は縮むことで力を発揮します。**激しい運動や、筋力トレーニングをしたあとは、しばらく筋肉は縮んだ状態ですが、ケアをせずにそのまま放置しておくと、筋肉の緊張が解けず、疲労回復が遅れるだけでなく、筋肉の凝りや張り、柔軟性の低下につながることを覚えておきましょう。**

本書では、下肢の筋力トレーニングに取り組んだあとに行ってほしいストレッチと、厚底シューズを履いて走った際に行ってほしい股関節のモビライゼーションを紹介しています。日頃のケアにこれらを加えてみてください。

青学駅伝チームでは、練習の最後に20～40分かけて全員で静的ストレッチをし、さらに、入浴後などにおのおので足りないと感じている部位のストレッチに取り組んでいます。

疲労や硬さを感じたときだけにストレッチをするのではなく、練習後、レース後の習慣として取り組むことが、ケガのリスクを軽減することにつながります。

①膝蓋腱のストレッチ

►段差とウエイトがあるとストレッチしやすくなります

左右
各10回

プレートを太ももの
上にのせる
重心はステップ台に
のせた足に

ステップ台とプレート（5キログラム）を用意します。片足をステップ台にのせ、反対側の足を大股1歩分、後方に。両手でプレートを持って、太ももの上にのせます。

動画でCHECK!

プレートの重さを利用しながら、ステップ台にのせた側の膝を曲げます。膝を曲げきったところで2～5秒程度キープし、元に戻り、繰り返します。反対側も同様に行います。

膝を曲げきる

この姿勢を
2～5秒程度
キープ

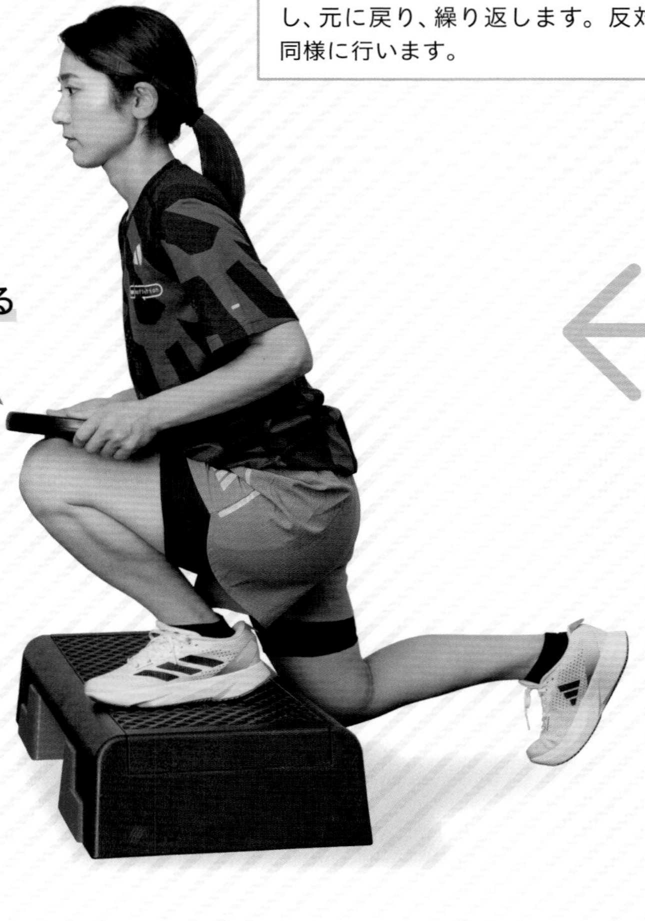

②大臀筋と股関節周辺のストレッチ

▶ウエイトを利用することでストレッチしやすくなります

10回

視線は前方へ

ステップ台とプレート（10キログラム）を用意します。プレートを持ってステップ台の上に乗ります。両足は腰幅に開いて、背すじを伸ばします。

NG

しゃがむのが浅いと、十分に
ストレッチできません

動画でCHECK!

背すじを伸ばしたまま、ステップ台の上で深くしゃがみます。ウエイトの重さを利用してバランスをとります。2～5秒程度キープして、元に戻り、繰り返します。

深くしゃがむ

③ベンチを使った大臀筋の静的ストレッチ

左右
各30秒

注意! かなり強く伸張されるので、柔軟性不足の方は痛める可能性があります。前側の脚に荷重しすぎないように注意しましょう。

膝は90度程度
曲げる

ベンチを用意します。ベンチに片足をのせ、膝から下を内側に流します。後ろ側の脚は後方に伸ばします。両手はベンチに置いてバランスをとります。

正面から見ると

膝は90度程度に曲げます。膝の角度が鋭角過ぎると大臀筋が伸びません。

動画でCHECK!

上体を前傾させる

息を吐きながら状態を前傾させ、ベンチに足を置いた側の臀部に伸びを感じたところでキープします。反対側も同様に行います。

応用

ベンチがないときは、座面の位置が高すぎない椅子でも代用が可能です。

動画でCHECK!

④椅子を使った大腿四頭筋の静的ストレッチ

左右
各30秒

椅子を用意します。椅子の横に立ち、片膝を座面にのせます。反対側の手で背もたれをつかんでバランスをとります。

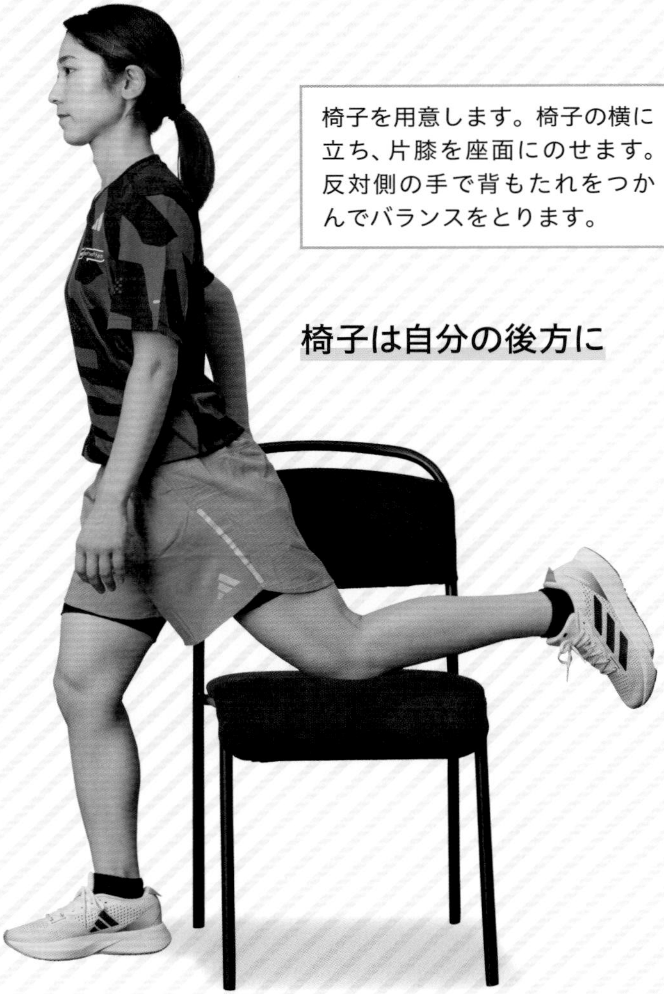

椅子は自分の後方に

応用

床で膝立ちの姿勢になってストレッチすることもできます。

動画でCHECK!

座面に膝をのせた側の手で足の甲をつかみ、かかとを臀部に引き寄せます。太ももの前側に伸びを感じたところでキープします。反対側も同様に行います。

動画でCHECK!

⑤立位での中臀筋の静的ストレッチ

左右
各30秒

両足を腰幅に開いて立ちます。片足を後方に移動させながら、脚をクロスします。

脚をクロス

応用

動画でCHECK!

立位だとバランスがとれない、伸びを感じにくいという人は、床に寝てストレッチしましょう。床に仰向けになり、片脚を上げます。上げた脚の股関節、膝は90度程度に曲げます。

反対側の手を膝の辺りに添え、上げた脚を倒します。視線は逆方向に。臀部の横側に伸びを感じたところでキープします。反対側も同様に行います。

後方に移動させた脚と同じ側の腕を上方に伸ばします。後方に移動させた足の方に向かって体を倒します。臀部の横側に伸びを感じたところでキープします。反対側も同様に行います。

体が前後に倒れないように注意

動画でCHECK!

⑥椅子を使った内転筋のストレッチ

左右
各30秒

椅子を用意します。椅子の前に立ち、片足を座面にのせます。両手は椅子にのせていない脚の太ももに添えます。

応用

椅子を使わずにストレッチすることも可能です。床にあぐらをかいて座ります。片方の脚を伸ばします。両手は床について バランスをとります。

上体を倒し、太ももの内側に伸びを感じたところでキープします。反対側も同様に行います。

動画でCHECK!

膝を曲げながら、伸ばした脚とは反対側に上体をひねります。前傾し、太ももの内側に伸びを感じたところでキープします。反対側も同様に行います。

上体をひねりながら前傾

動画でCHECK!

①股関節のモビライゼーション〈1〉

20回

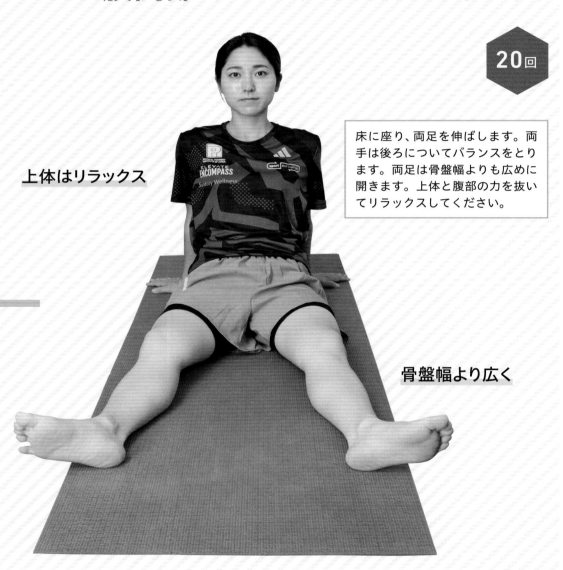

床に座り、両足を伸ばします。両手は後ろについてバランスをとります。両足は骨盤幅よりも広めに開きます。上体と腹部の力を抜いてリラックスしてください。

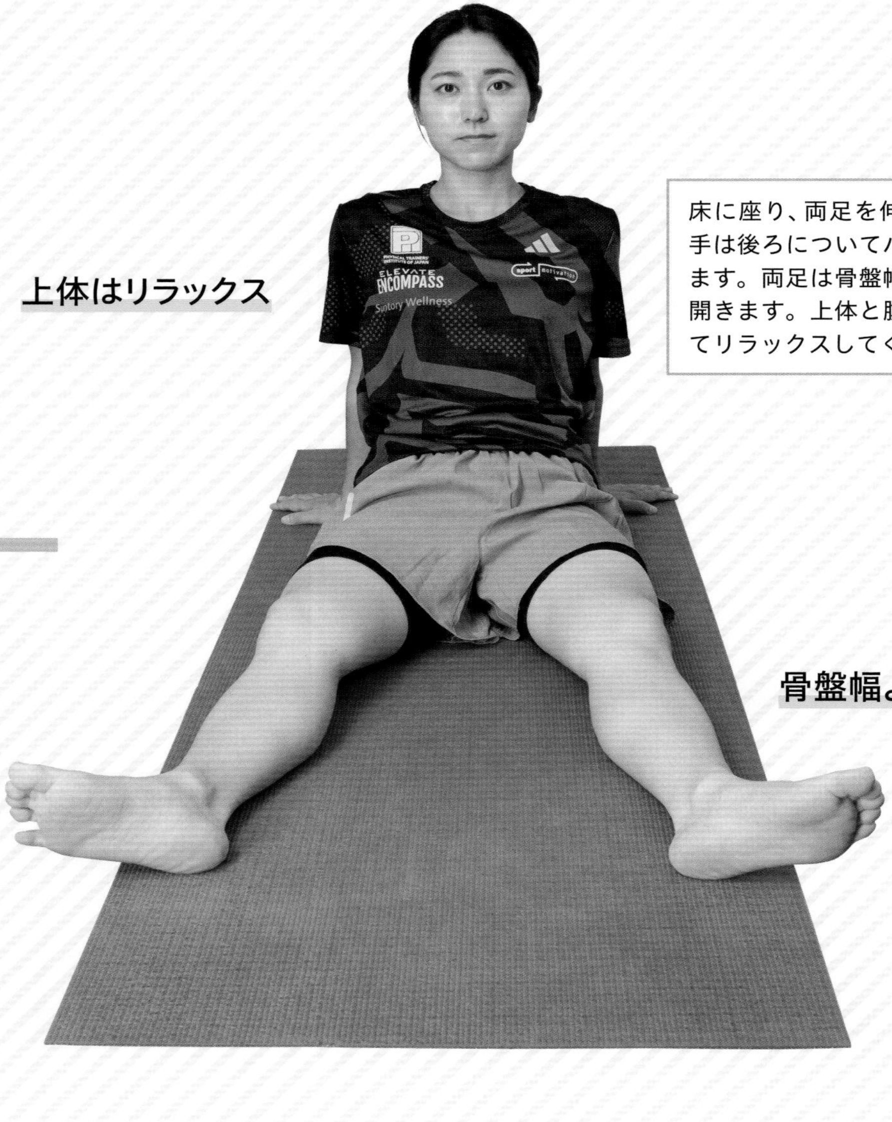

かかとを中心にして、つま先を内側と外側にリズミカルに動かします。

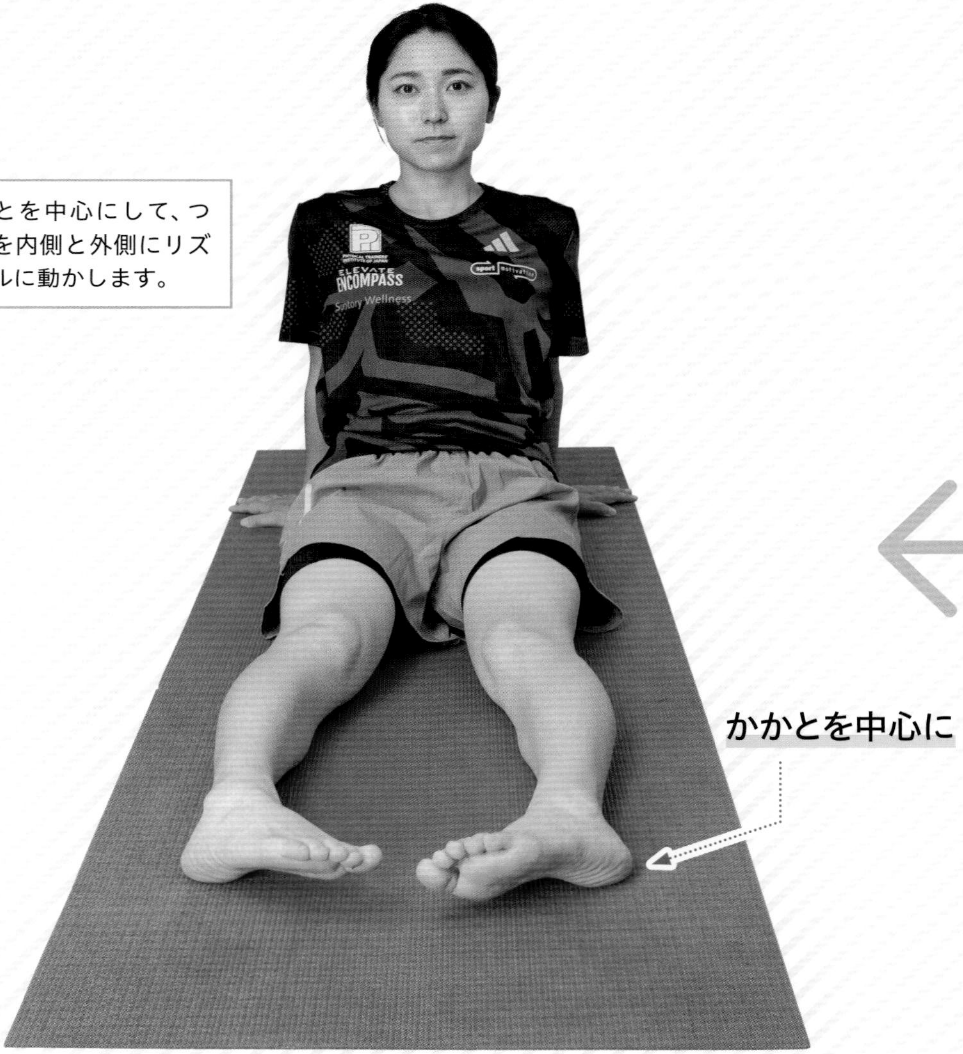

②股関節のモビライゼーション〈2〉

左右
各20回

上体はリラックス

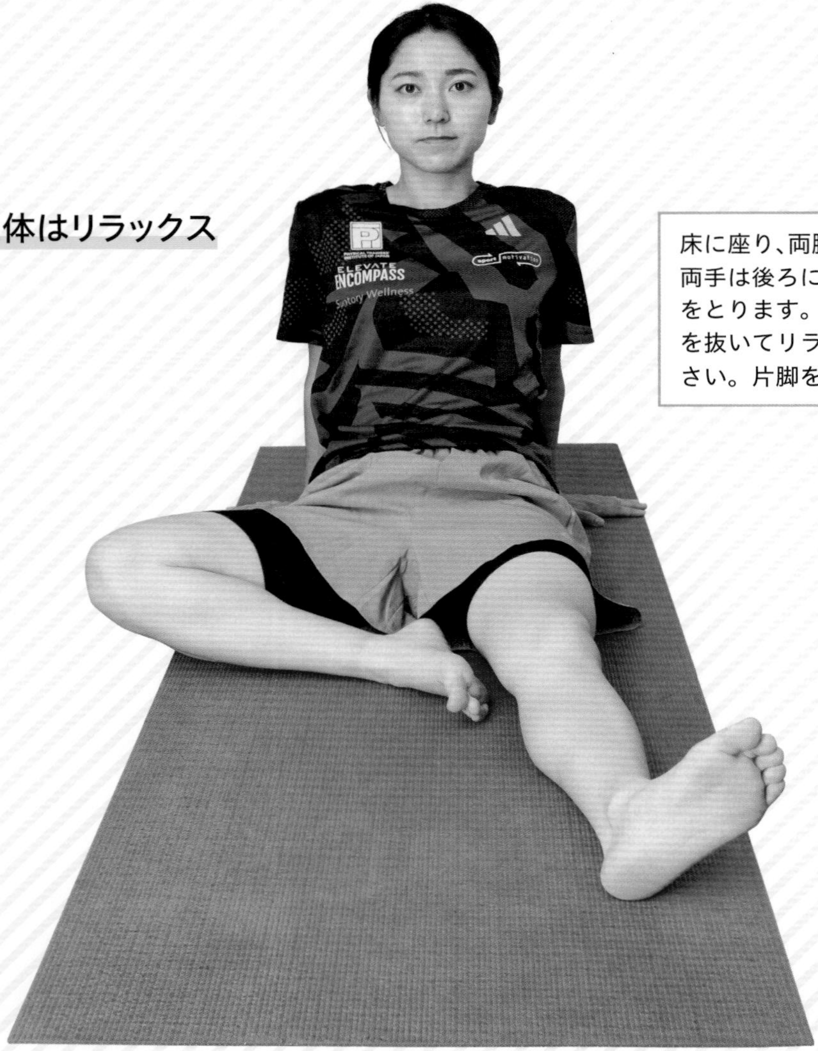

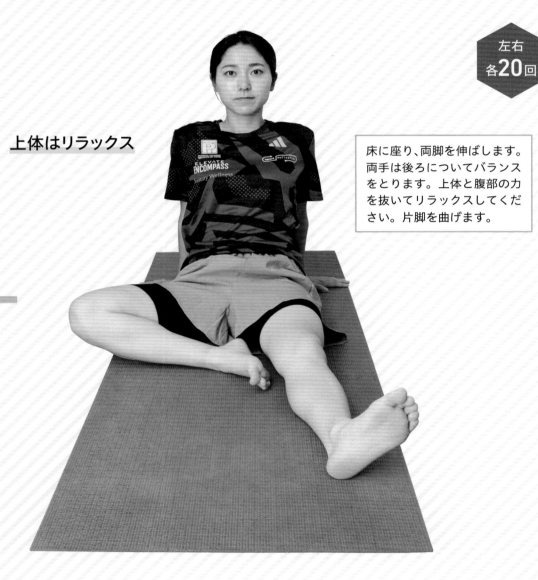

床に座り、両脚を伸ばします。両手は後ろについてバランスをとります。上体と腹部の力を抜いてリラックスしてください。片脚を曲げます。

動画でCHECK!

かかとを中心にして、つま先を内側と外側にリズミカルに動かします。曲げた側の脚をしっかりと固定しましょう。反対側も同様に行います。

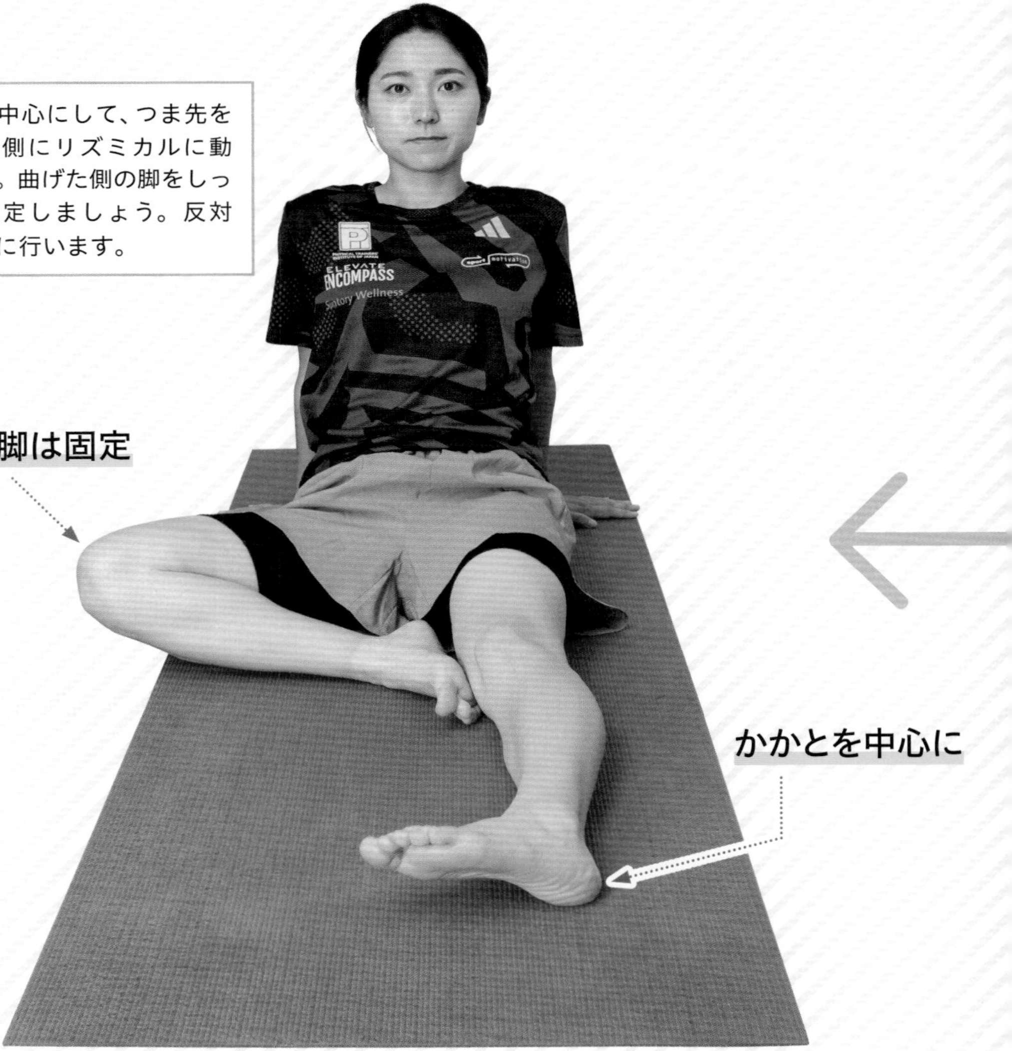

③股関節のモビライゼーション〈3〉

20回

床に座り、両足を腰幅程度に開いて両膝を立てます。両手は後ろについてバランスをとります。上体と腹部の力を抜いてリラックスしてください。

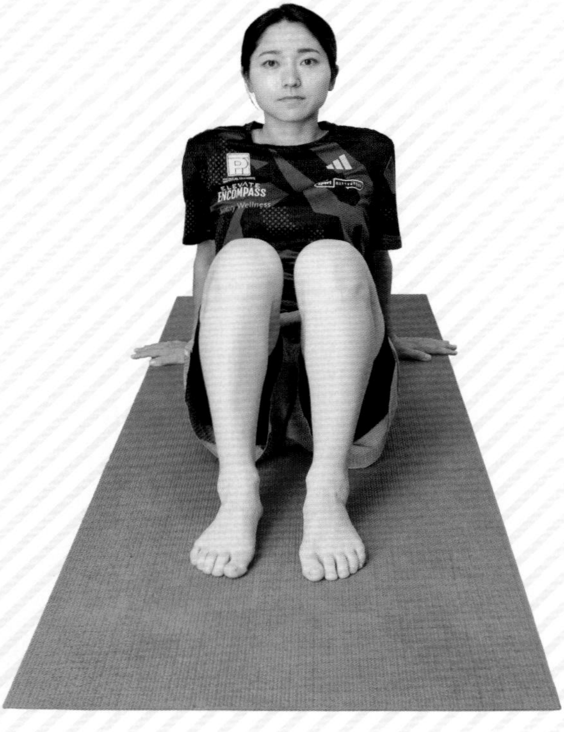

両足は腰幅程度に開く

動画でCHECK!

上体をひねらずに、両膝を
揃えて片側に倒します。

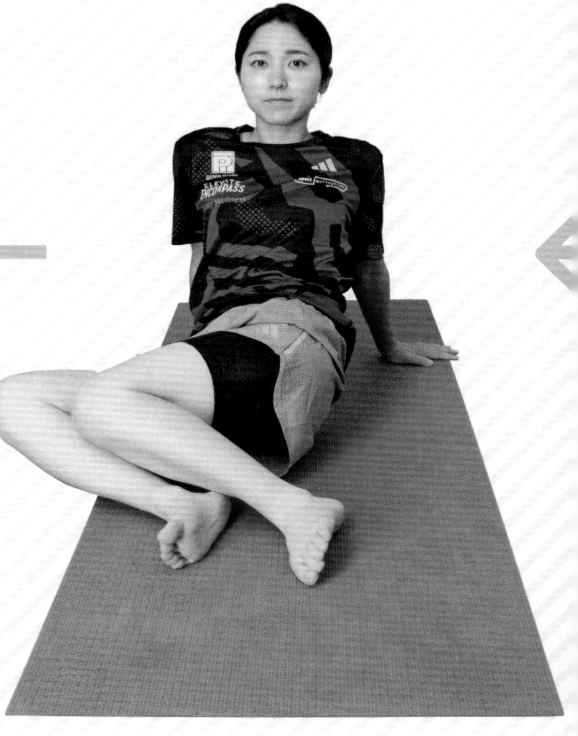

胸は前方に向けたまま

続いて反対側に倒します。
リズミカルに繰り返します。

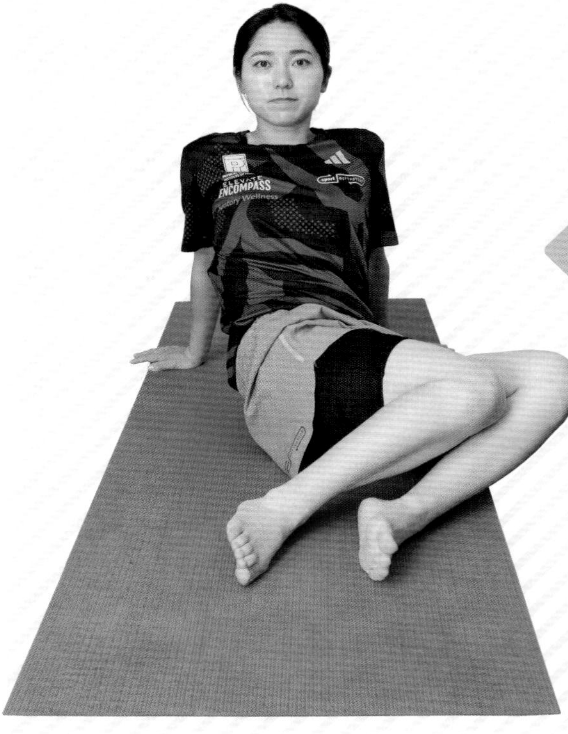

④股関節のモビライゼーション〈4〉

床に仰向けに寝ます。両手は顔の前で合わせます。
片足を床から離し、膝を90度程度に曲げます。

左右
各20回

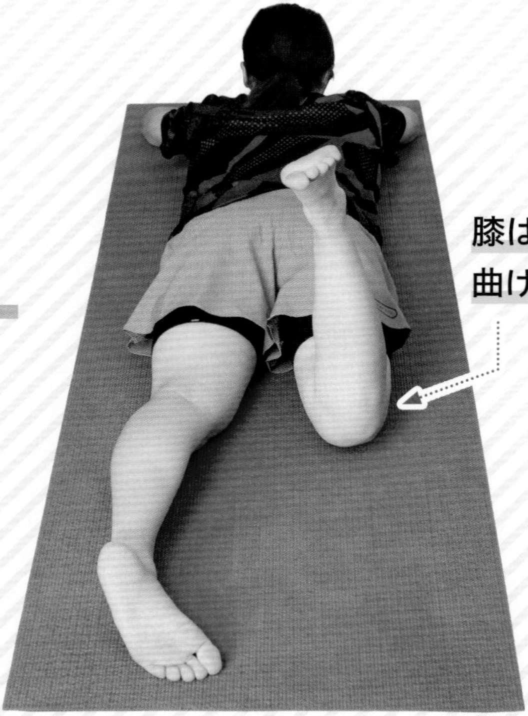

正面から見ると

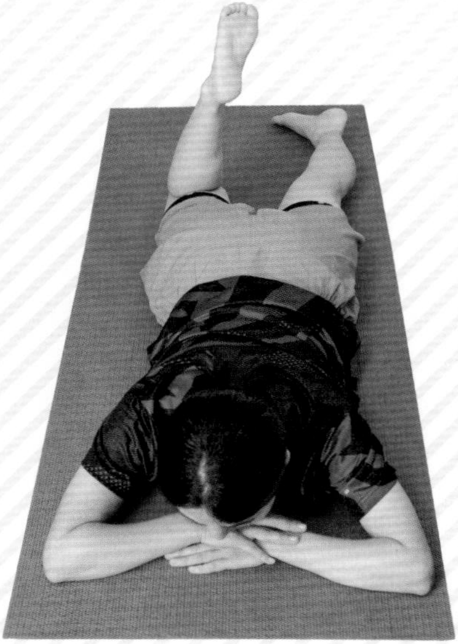

膝を中心にして、膝下を
外側、内側に倒します。

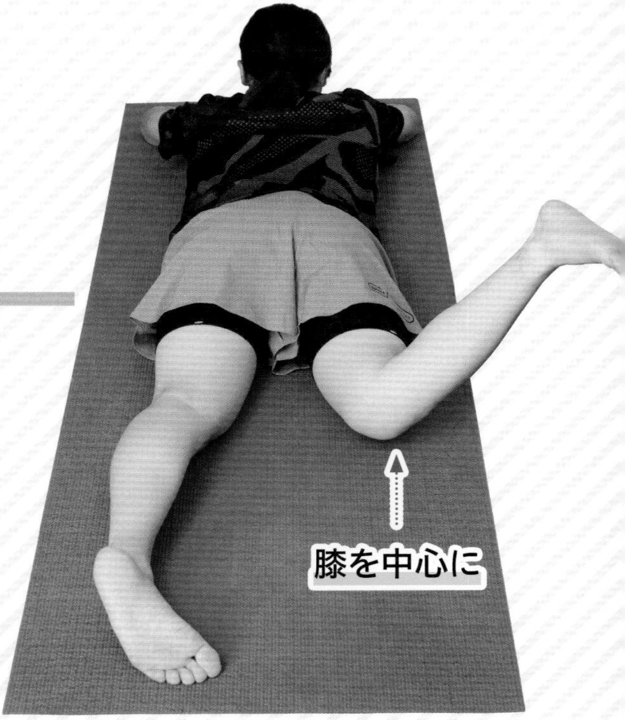

リズミカルに繰り返します。
反対側も同様に行います。

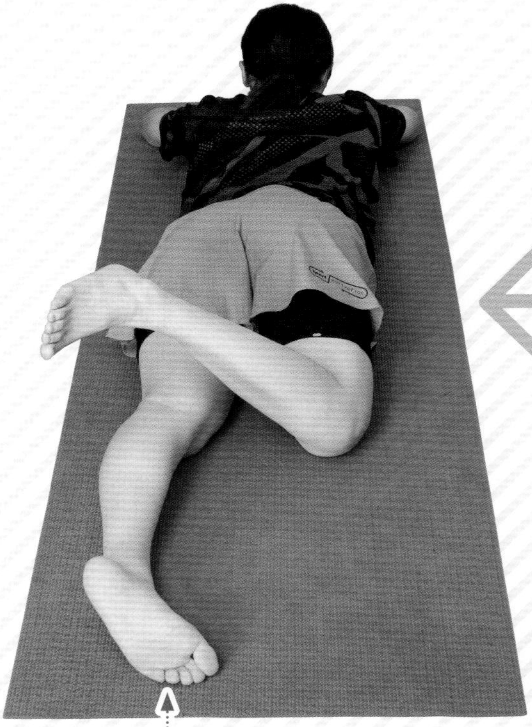

伸ばした脚は固定

動画でCHECK!

SUSUMU HARA

原 晋
（はら・すすむ）

1967年3月8日、広島県生まれ。
青山学院大学陸上競技部長距離ブロック監督、青山学院大学地球社会共生学部教授、一般社団法人アスリートキャリアセンター代表
中学校から陸上を始め、広島県立世羅高校では主将として全国高校駅伝準優勝。進学した中京大学では全日本インカレ5000mで3位入賞。卒業後は中国電力陸上競技部1期生で入部するも、故障に悩み、5年で競技生活を引退し、同社でサラリーマンとして再スタート。新商品を全社で最も売り上げ、ビジネスマンとしての能力を開花。その後、「チーム育成の10年計画」のプレゼンテーションを買われ、2004年から青山学院大学陸上競技部長距離ブロック監督に就任。2009年には、33年ぶりに箱根駅伝出場をはたし、2015年に同校を箱根駅伝初優勝に導くと、2017年には、史上初の大学駅伝3冠、箱根駅伝3連覇の快挙を達成。2018年に箱根駅伝4連覇、2020年には同大会を大会新記録で王座奪還し、2022年にはさらに大会記録を更新し6度目の総合優勝をはたすなど、同校を駅伝強豪大学に育て上げるだけでなく、日本の陸上界をリードし続けている。おもな著書に『魔法をかける―アオガク「箱根駅伝」制覇までの4000日』（講談社）、『フツーの会社員だった僕が、青山学院大学を箱根駅伝優勝に導いた47の言葉』（アスコム）ほか、中野氏との共著で『青トレ』シリーズ（徳間書店）などベストセラー多数。

青山学院大学体育会陸上競技部（長距離ブロック）公式HP　http://aogaku-tf.com/

JAMES SHUICHI NAKANO

中野ジェームズ修一

（なかの・じぇーむず・しゅういち）

1971年8月20日、長野県生まれ。
PTI認定プロフェッショナルフィジカルトレーナー、米国スポーツ医学会認定運動生理学士
（株）スポーツモチベーション 最高技術責任者、（社）フィジカルトレーナー協会（PTI）代表理事
「理論的かつ結果を出すトレーナー」として数多くのトップアスリートやチームのトレーナーを歴任。とくに卓球の福原愛やバドミントンのフジカキペア（藤井瑞希・垣岩令佳）、マラソンの神野大地の個人トレーナーとして広く知られている。2014年からは青山学院大学駅伝チームのフィジカル強化を担当。ランニングなどのパフォーマンスアップや健康維持増進のための講演、執筆など多方面で活躍。近年は超高齢化社会における健康寿命延伸のための啓蒙活動にも注力している。自身が技術責任者を務める東京神楽坂の会員制パーソナルトレーニング施設「CLUB100」は、無理なく楽しく運動を続けられる施設として、幅広い層から支持を集め活況を呈している。おもな著書に『医師に「運動しなさい」と言われたら最初に読む本』（日経BP）、『血管を強くする 循環系ストレッチ』（サンマーク出版）、『医師も薦める子どもの運動』『一生自分の力で、歩いて、食べて、トイレに行ける！ 100トレ 医師とトレーナーが考えた100年時代の新健康体操』、原晋氏との共著で『青トレ』シリーズ（すべて徳間書店）などベストセラー多数。

株式会社スポーツモチベーション　https://www.sport-motivation.com/

STAFF

撮影
髙須力、松山勇樹（スタジオ撮影）

構成
神津文人

アートディレクション
須永英司（grassroad）

デザイン
須永英司、佐藤優衣（grassroad）

動画制作
松本晴一郎（株式会社 GoodGoing）

校正
月岡廣吉郎、安部千鶴子（美笑企画）

印刷
山下周一郎（図書印刷）

トータルプロデュース
苅部達矢（徳間書店）

SPECIAL THANKS

男性モデル
吉澤和宏（株式会社スポーツモチベーション）

女性モデル
髙城沙里奈（株式会社スポーツモチベーション）

アディダス ジャパン株式会社
TEL 0570-033-033
（アディダスグループお客様窓口）

青トレ2.0 厚トレ
青学駅伝チームが実践する厚底シューズ対応トレーニング

第1刷　2023年9月30日

著　者　原 晋
　　　　中野ジェームズ修一
発行者　小宮英行
発行所　株式会社徳間書店
　　　　〒141-8202 東京都品川区上大崎3-1-1 目黒セントラルスクエア
電話　編集 03-5403-4344／販売 049-293-5521
振替　00140-0-44392
印刷・製本　図書印刷株式会社

ISBN978-4-19-865570-9